U0854246

健康教育丛书

丛书主编：杨玉春

大学生健康教育导论

DAXUESHENG JIANKANG JIAOYU DAOLUN

徐继红 /主编

北京师范大学出版集团
BEIJING NORMAL UNIVERSITY PUBLISHING GROUP
北京师范大学出版社

图书在版编目(CIP)数据

大学生健康教育导论 / 徐继红主编. —北京：北京师范大学出版社，2022.8

（健康教育丛书）

ISBN 978-7-303-27836-7

Ⅰ. ①大… Ⅱ. ①徐… Ⅲ. ①大学生—健康教育 Ⅳ. ①G647.9

中国版本图书馆 CIP 数据核字(2022)第 040736 号

营销中心电话 010-58805530 58808064
北师大出版社职业教育分社网 http：//zjfs.bnup.com
电子信箱 zhijiao@bnupg.com

DAXUESHENG JIANKANG JIAOYU DAOLUN
出版发行：北京师范大学出版社 www.bnup.com
北京市西城区新街口外大街 12-3 号
邮政编码：100088
印 刷：天津中印联印务有限公司
经 销：全国新华书店
开 本：787 mm×1092 mm 1/16
印 张：7.25
字 数：152 千字
版 次：2022 年 8 月第 1 版
印 次：2022 年 8 月第 1 次印刷
定 价：36.00 元

策划编辑：王剑虹 责任编辑：吴纯燕
美术编辑：焦 丽 装帧设计：焦 丽
责任校对：段立超 王志远 责任印制：赵 龙

丛书序言

PREFACE

健康是国民教育的起点，教育是保持健康的手段

——《健康教育导论》丛书序言

一个人到底拥有怎样的能力，才能在这个社会立足？这个问题，有太多的答案。2003 年的非典型肺炎疫情和 2020 年的新冠肺炎疫情——两次突发公共卫生事件给出了最直白的回答：健康是一切的基础，保持健康的能力是一个人最基础的能力。对于个体而言，健康是人的基本权利之一，保持和维护自身健康也是每个人的责任。健康是生活质量的第一基础，是人们追求幸福生活的资源。个体的健康是组织健康、社会健康的元素性保障，“没有全民健康，就没有全面小康”。对于国家而言，为每位公民提供基本公共卫生服务与健康保障是国家的使命，国民健康意识与健康水平日益成为社会发展和进步的重要标志。早在 2016 年的全国卫生与健康大会上，习近平总书记就从实现民族复兴、增进人民福祉的高度，把人民健康放在优先发展的战略地位，深刻论述推进健康中国建设的重大意义、工作方针、重点任务。

其实即便不是因为疫情，每一个人从出生到死亡的整个生命过程也无时无刻不在面临健康问题，对健康的教育和管理也无时无刻不在影响着每一个人的生活。悠悠民生，健康最大，保障人民健康一直是各级政府的重要目标。学校健康教育政策实施是深化教育体制机制改革的重要环节，建立学校健康教育推进机制是对“健康中国”国家战略的具体落实，把健康教育纳入国民教育政策体系是将“健康融入所有政策”的实践体现，建立从幼儿园到老年的终身健康教育体系已经迫在眉睫。

1978 年，在世界卫生组织（WHO）和联合国儿童基金会（UNICEF）通过的《阿拉木图宣言》中，健康教育被列在“初级卫生保健”八项任务的首位。世界上很多国家都十分重视学校健康教育。法国教育部与卫生部共同承担学生身体与心理健康教育的职责，要将学生培养成对个人与社会都具有健康责任感的国民。除了健康科学课，健康在国民教育等课程中都有所涉及。从幼儿园到高中，法国的健康教育有三大目标：确保学生受到健康教育，保护学生的身体健康，以

及预防学生的成瘾行为。美国要求在小学、初中、高中进行健康教育教学的比例都在80%以上，各州分别制定相关法律与规定，给出关于学校健康教育的要求，明确规定了家长、学校管理人员与教师在健康教育中的共同职责。日本政府于1958年修订了《学校卫生法》，为日本学校健康教育提供了完善的组织框架。这部法律标志着日本从提高健康照顾转向开展健康教育，健康教育被纳入学校教育法。澳大利亚各州政府都十分重视健康教育，在中学把健康教育作为必修课。课程内容多涉及跨学科领域，澳大利亚中小学健康教育也是采用多部门协作的方式开展的，就在新冠肺炎疫情出现后不久，澳大利亚教育、技能与就业部就发布了由澳大利亚卫生部与澳大利亚传染病网络制定的《新型冠状病毒的国家公共卫生机构行动指南》，内容包括病例定义、实验室检测、病例管理、环境评估、接触管理，对于有关学校的应对也做了说明。

2019年全国教育事业发展统计公报显示，我国各级各类学历教育在校生有2.89亿人，他们处在人生的准备阶段，其身心发育和群体学习生活特点，注定他们是健康教育、健康促进的最佳目标人群，任何忽视青少年群体的公共健康政策都是不严谨、不负责任的。学生近视率的持续攀升，学生营养状况的不均衡，部分地区学校体育课的流于形式，学生龋齿、肥胖及对常见病、传染病的低预防能力等问题在当下教育领域出现蔓延之势，而学生过重的课业负担、应试导向下狭隘化的分数导向培养模式更加重了上述的问题。我们认为，“健康第一”必须成为教育改革与发展的方向。面向国民健康需求，宣传普及健康教育的理念、常识，将健康教育融入国民教育政策体系是适时之举。

拥有健康是每个人的基本权利之一，但健康不可能自动拥有，尤其是未成年人，需要通过健康教育来进行干预和促进，需要全社会的共同努力。我们最近出版的《学生健康素养评估指标体系研究》也特别强调需要营造良好的政策环境，进一步改良学校健康教育的教学内容和教学形式，发展多元的教育方法来提升学生的健康素养。而健康第一的教育理念需要以教育为媒介、以教育内容为载体，针对生理常识教育、营养科学教育、常见病预防及管理教育、积极心理教育、科学体育运动、健康行为促进等内容进行体系化教学和课程资源搭建。

结合国际经验和中国国情，北京师范大学中国教育政策研究院杨玉春副教授的研究团队尝试着从教育学的角度研判学校健康教育的主题、框架、要素，他担纲的中央财政预算单位交叉学科建设课题《健康教育交叉学科建设与政策研究》，以教育学研究者为基础，联合预防医学、体育科学、心理学、中医药学等不同学科教师协同开展研究。在2015年，杨玉春主编的《健康教育》丛书（义务教育阶段一至九年级）从生理、营养、疾病（包括常见疾病和传染病）、心理、运动五大方面，面向各个年级学生初步完成了健康教育科普的体系架构。在其前期著作基础上，研究团队经过专题调研、选题论证和专家讨论，在北京师范大学教育学部的支持下，结合复旦大学公共卫生学院、北京大学医学部公共卫生学院等相关领域的专家指导，组织多领域、跨学科专家团队从幼儿、小学、中学、中职、大学、老年阶段，分学段、模块、年龄编写健康教育导论。这套跨越学科、纵贯生命周期的《健康教育》丛书，目标定位是服务于培养将来志在从事教育工作的高校学生、服务于基础教育阶段的教师职后培训，以健康教育理论与技能夯实为国家进行下一代人才培养的健康基础；也定位于服务不同年龄阶段人群的健康素养提升、健康行为促进。

丛书将会推动教育学科与其他健康相关学科的深度融合，推动国家健康战略落地；从教育学角度研发健康教育专业丛书对于健康教育二级学科建设至关重要，涵盖大部分学段的《健康教育》丛书不但是高校开展健康教育人才培养的基础素材和重要载体，更能从新的角度推动我国基础教育领域的健康教育课程标准制定。编者们从人的认知发展规律和基本教育规律出发，准确定位、拿捏不同年龄段人群的生理、心理、常见病与传染病、营养水平、生活方式等特征，结合当下各教育阶段的学生面临的健康问题，准确定义各个年龄阶段健康教育的核心内容及概念。分别从哲学、教育学、预防医学、社会学、心理学等不同学科进行理论基础的建构，在内容上呈现出递进性。常见病预防及管理、传染病预防、营养科学、心理健康等板块更是抓住年龄规律和疾病图谱特征，在丛书中进行合理的知识点布局，运用教育学语言进行症状描述、病例(病理)讲解、预防要义介绍等知识呈现。

在丛书编写过程中，作者们注重政策理论与实践的结合，注重健康教育的评价，更注重了案例的应用。丛书核心内容用符合教育教学规律的文本进行引导，使读者掌握健康知识，实现健康觉醒，形成健康素养。特别是这套丛书的编辑团队在课题研究过程中严格按照北京师范大学双一流学科建设标准，具有国际和国内视角，在丛书、教法、评价体系上体现一流大学水平，形成教育学视角下的健康教育教学体系、课程体系和评价体系。

傅　华

前 言

FOREWORD

“人人享有卫生保健”是全人类共同的理想和奋斗目标，我们每个人都是自我健康的守护者。“少年进步则国进步，少年强则国强，中华民族的腾飞正在吾辈。”作为祖国的未来和民族希望的大学生能否健康平安地成长，不仅关系到大学生个人的发展，更关系到民族的兴旺和社会的稳定。

2004年，中共中央、国务院印发了《关于进一步加强和改进大学生思想政治教育的意见》，强调大学生是宝贵的人才资源，全社会都要关心大学生的健康成长。2016年又印发了《“健康中国2030”规划纲要》，提出要将健康教育纳入国民教育体系中，健康教育作为各年龄段教育的重要内容被提上日程。《大学生健康教育导论》正是在这样的背景下应运而生的。

本书密切结合国家导向、社会发展和大学生的需求，集医学、教育学、社会学、心理学为一体，将知识性、科普性和专业性相结合，以全新的视角阐述大学生健康教育。本书共由六章组成，内容包括大学生健康教育概述、大学生健康教育的理论基础、健康生活方式与健康教育、积极心理与健康教育、生殖健康与婚前教育、应对突发公共卫生事件的健康教育。本书旨在让读者对大学生健康教育的内容有整体把握，能深入了解健康教育五大板块(健康生活方式、疾病预防、心理健康、性与生殖健康、安全应急与避险)的含义及其重要性，使读者对大学生健康教育形成正确的认识、做出正确的判断，进而形成独特的健康教育思路和健康教育理念。

本书由国家卫生健康委科学技术研究所心理学博士徐继红副研究员担任主编，负责全书的框架确定、文稿撰写和定稿统稿等工作。参加编写的成员有：颜廷睿(第一章、第二章)，孙琛(第一章、第三章)，徐继红(第一章、第四章、第五章)，陈超(第一章、第六章)；审校成员有：徐继红(第一章、第四章)，娄立志(第二章)，郭玉村(第三章)，张文生(第五章)，杨玉春(第六章)。受编者水平和能力所限，书中难免有疏漏和不足之处，敬请广大读者谅解！

最后，本书的出版得到了北京师范大学教育学部杨玉春主持的交叉学科建设课题《健康教育交叉学科建设和政策研究》课题的资助，得到了来自教育学、预防医学、体育学、心理学、社会学和中医药学等领域的专家、教授的指导和支持，在此一并感谢！同时，感谢本书编写团队的每一位成员的辛苦付出和大力帮助。最后，还要感谢本书参考文献中的所有从事健康教育的工作者。

编者

目　录

CONTENTS

第一章　大学生健康教育概述

本章导读▶

健康教育学是预防疾病、研究健康教育基本理论和方法的一门科学。在大学生群体中开展健康教育，对于帮助青年学生自觉选择健康的行为和生活方式，消除危险因素的影响，从而促进其心身健康，改善其生活质量，具有一定的积极意义。2017 年，教育部印发《普通高等学校健康教育指导纲要》，明确了开展高校健康教育的基本原则。本章作为概述，主要目的在于让读者熟悉大学生健康教育的相关概念及意义、掌握大学健康教育的发展模式，在此基础上了解大学生健康教育的组织实施及评价方法。

第一节　大学生健康教育的相关概念

一、大学生健康教育的概念

人们对健康的认识是随着社会生产力、科学技术的发展及医学模式的转变而不断演变和完善的。1948 年，世界卫生组织指出，“健康不仅是没有疾病和病痛，而是个体在身体上、精神上、社会上完全安好的状态”。1978 年 9 月，《阿拉木图宣言》重申：“健康不仅是疾病与体弱的匿迹，而是身心健康、社会幸福的完好状态。”1990 年，世界卫生组织在有关文件中论述健康时又提出“健康包括躯体健康、心理健康、社会适应良好、道德健康”。由此可见，健康不仅是医学术语，更蕴含着社会学的意义。在现代社会中，健康一词把人体的健康与生物的、心理的、社会的关系紧密联系了起来，其内涵已经远远超出了医学范围。

正是由于健康一词内涵的扩展，大学生健康教育也不再是单纯的医学知识教育，而是通过信息传播和行为干预，帮助大学生掌握卫生保健知识、树立健康观念，自愿采纳有利于健康的行为和生活方式的教育活动与过程。大学生健康教育的核心是帮助大学生培养健康的行为和生活方式，它追求的是“知—信—行”的统一，知识是基础，信念是动力，行为是目标；其目的是消除或减轻影响健康的危险因素，预防疾病，促进健康和提高生活质量，故不仅应关注个人行为，还应研究广泛的社会和环境干预措施。因此，大学生健康教育是使人们更好地控制和改善健康的过程，而且除健康教育外，通过健康促进支持学生和创造健康的学习环境来服务于高等教育的核心使命同样不可或缺。

大学阶段是人生的一个独特阶段。虽然大学生大都已成年，但其心智与成熟的成年人相比还有一些差距。大学是个体发育的关键时期，是学生对社会、自然的进一步探索和适应。尽管多数人认为，大学生是所有人口中比较健康的，但其中部分人所表现出的与饮食、身体活动、性活动、烟草和酒精有关的不健康行为都会直接影响大学生群体未来的健康，其中包括对疾病早期发展产生重大影响。因此，需要注意以下几个原则。

1.“健康是个人和社区发挥潜能的能力。”大学生慢性病预防和健康促进应成为整个生命周期的重要组成部分。

2.“高等教育中促进健康的具体目的是支持学生的成功。”很容易理解，健康的大学生往往比不健康的大学生学得更好，错过的课堂更少，辍学的可能性也更小。

3.“学校也是社区。”高等教育机构是学习型社区，这类社区具有集体认同感，并具有特定的文化和行为规范。关于大学生健康教育计划的社会生态学原理的原则在学习型社区里同样适用。在高等教育机构内实行健康教育，在自我、人际、机构、社区和政策等层面会有较好的效果。

4.“高等教育中的健康促进具有促进性、严格性和包容性。”在实施旨在促进积极行为的干预措施和衡量影响的研究方法中，都存在严格的要求，而大学生健康教育和健康促进计划中也强调了需要包容和社会公正。

二、大学生健康教育与心理健康的关系

(一)大学生健康教育的现状

1. 部分高校对大学生健康教育的重视程度不高

受各方面因素的影响，各大高校对大学生健康教育的重视程度参差不齐，其更多注重的是对大学生专业知识和实践技能的培养，往往忽略对大学生的健康教育，没有对大学生健康教育工作进行落实。

2. 对大学生健康教育工作没有合理统筹安排

一般来说，高校教务处会负责相关健康教育课程的开设与安排，医务室负责联系医院和组织学生进行健康体检，体育中心负责大学生的体质健康测试，心理咨询中心负责大学生的心理健康状况调查，学生会和团委负责组织与健康教育有关的社团活动，等等。由于各部门都有各自的分工且不会受到他方制约，所以在工作安排上各部门无法进行有效的对接和统筹安排。

3. 对大学生的健康数据分析不足

高校对大学生的体检结果、体质健康测试和心理健康调查报告都有一定的存档，可是真正能利用这些数据与报告进行专业化分析并提出相对应解决措施的却少之又少。

4. 大学生健康教育的课程不成熟

由于高校对大学生健康教育缺乏经验，加上缺乏专业的大学生健康教育专家，所以设置的课程会出现太枯燥、教育意义不明显、教学内容不够系统明确、教学方法不够丰富、达不到教学效果等问题。

(二)大学生心理健康的现状

1. 大学生是心理健康问题的高发群体

调查显示，大学生是心理健康问题出现比重较高的一个群体。一方面，大学生正处于人生中的一个过渡时期，其所面临的完成学业、寻找工作上的压力是不可小觑的；另一方面，大学生们离开父母独自在学校学习生活，需要学会自己去解决身边的人、事、物问题，这也是对其自身生理、心理的一大挑战。

2. 大学生心理健康问题对其身心健康造成极大的危害

大学生的心理健康问题主要表现为神经性的情绪、人际关系和强迫倾向等。大学生的心理健康问题源于多方面因素，在一定程度上会引发各种生理疾病。每年大

学生因为抑郁症等心理疾病而自杀等事件层出不穷，这对于大学生自身和其家庭来说都是极大的伤害。

3. 大学生主动寻求心理健康咨询或治疗的意愿较小

在遇到问题时，大学生多选择向父母和身边亲近的朋友进行倾诉和求助，但也有一部分大学生会将烦恼及心理问题深埋心底而不是采用各种方式来进行自我调节，通过主动寻求心理健康咨询和治疗来解决问题的更是少之又少了。

（三）心理健康教育是大学生健康教育的重要组成部分

世界卫生组织认为，健康应包括躯体健康、心理健康、社会适应良好和道德健康，所以大学生健康教育在实施上应涉及心理健康教育。健康是一个人的立身之本，也是一个国家的立国之基。因此，各大高校的任务不仅仅是帮助学生完成学业，也不只是给大学生搭建一个发展的平台，重视对大学生的健康教育同等重要，这也是促进高校教育向前发展的重要因素。从大学生心理健康的现状来看，加大心理健康教育在大学生健康教育方面的力度非常迫切。有些高等学校对新形势下大学生心理健康教育工作的任务、特点和规律等，还缺乏足够的认识和研究，大学生健康教育课程和心理健康耦合度差是大学生健康教育的通病，还不能适应系统性的大学生健康教育的需要。

（四）大学生健康教育与大学生心理健康相辅相成

近年来，受多方面因素的影响，我国大学生的健康水平总体呈下滑趋势，这十分不利于我国教育事业的发展。因生理疾病退学、休学的大学生数量越来越多；因心理问题导致的自杀、犯罪事件也时有发生，健康教育的落实和推进刻不容缓。心理健康是大学生健康的重要内容，大学生健康教育应根据大学生的心理特点，有针对性地讲授心理健康知识，开展辅导或咨询活动，帮助大学生树立心理健康意识，优化心理品质，增强心理调适能力和社会生活的适应能力，预防和缓解心理问题。通过课程其他模块的教学帮助他们解决环境适应、自我管理、学习成才、人际交往、交友恋爱、求职择业、人格发展和情绪调节等方面的困惑，提高整体健康水平，促进德智体美等全面发展。

第二节　大学生健康教育的发展与模式

一、大学生健康教育的现状及问题

（一）大学生健康状况较差

近几年，我国高校大学生的健康状况持续下滑，国内公开发布的一系列报告呈现的数据，给当今大学生健康教育敲响了警钟。2015 年国民体质监测报告显示，

7～19 岁的学生体质状态，大学生下滑最严重。大量研究发现，当前我国高校大学生在校四年身体素质水平总体呈下降趋势，尤其是耐力、下肢爆发力、柔韧性下降明显。《2017 年度国民体质辨识报告》表明：我国青年体质偏颇情况较为严重，疾病呈现年轻化的趋势。目前，部分在校大学生缺乏必要的保健知识，也没有养成健康的生活行为习惯。许多学生饮食不规律，正餐不按时吃，常常不吃早餐或随便应付一下，还常吃夜宵，且不太注意饮食的合理科学搭配。有不少大学生喜欢玩游戏，不能自控，常常很晚才睡觉，第二天则睡到中午；许多学生学习不注意劳逸结合，平时抓得不是很紧，往往考试前熬通宵，考完试后又过于放松，整晚上网玩游戏、看电影，睡眠很不规律。另外，许多学生还面临不知如何正确对待、处理诸如激烈竞争、压力过大及人际和婚恋等问题，在面对这些问题时过于焦虑，有的还出现抑郁，对生活和学习产生严重影响。

(二)大学生健康素养处于中低水平

健康素养是指个体具有获取、理解和处理基本的健康信息和服务，并运用这些信息和服务做出正确判断和决定，维持和促进自身健康的能力。总体来看，我国大学生健康素养仍然处于中低水平。一项截至 2015 年的元分析研究显示，中国在校大学生总体健康素养水平仅为 12.08%。从健康知识、行为和技能三个方面的素养水平来看，国内高校大学生对健康基本知识和理念的掌握比较深入，但是在健康习惯和行为以及基本健康技能方面的认识却比较薄弱。在中国居民六类健康问题的素养水平比较中，大学生群体在科学健康观和安全与急救方面的素养最高，其次是传染病防治与健康信息，而在基本医疗和慢性病防治方面的健康素养则是偏低的。研究调查发现，2016 年北京市大学生健康素养水平为 44.62%；基本健康知识和理念素养、健康生活方式与行为素养、基本健康技能素养三方面的健康素养水平分别为 56.88%、46.62%和 43.74%。有研究者对河北省大学生的健康素养进行调查发现，河北省大学生健康素养水平为 36.6%，在具体三方面健康素养水平中，由高到低依次为：基本技能素养(42.6%)、基本健康知识和理念素养(39.7%)及健康生活方式与行为素养(37.6%)。在六类健康问题素养水平中，科学健康观素养(66.1%)最高，其后依次为安全与急救素养(58.9%)、慢性病防治素养(40.7%)、传染病防治素养(34.4%)、健康信息素养(28.5%)和基本医疗素养(16.4%)。还有研究者对湖北省大学生的健康素养进行调查发现，湖北省大学生健康素养总体水平为 13.68%，基本健康知识和理念素养、健康生活方式与行为素养、基本健康技能素养的水平分别为 16.15%、31.88%和 30.68%。

(三)高校健康教育缺乏完整体系

一是全国尚没有系统、完善的健康教育教材，缺乏开展健康教育的有效载体，授课内容仅是对相关知识的组合拼凑，教学内容随意性大。二是高校健康教育自身未形成独立、科学、完善的课程体系与教学模式，缺乏对健康教育整体性与综合性的深刻认识与长远规划。健康教育的开展多是以社团活动、专题的形式进行，而诸如艾滋病、慢性病防治等专题活动的日益增多，恰恰说明我国的健康教育与健康教育需求不相匹配。三是健康教育师资队伍较为缺乏。当前高校健康教育多由体育老师、校医以及具有医学背景的学科教师来负责，他们自身未受过系统的健康教育培训，多领域缺乏专职教师，大大影响了健康教育质量。四是学校健康教育的机制不健全，缺乏统一的领导。由于学校领导者对大学生健康教育的重要性认识不足，健康教育不被重视，在学校层面没有成立协调全校健康教育工作的领导小组，没能建立起健全的健康教育机制，致使大学生健康教育的开展缺乏统一的领导，运行实效较差；对健康教育所需的资金、设备投入不足，也使得健康教育工作在高校难以较好开展，在时间和力度上都不够，部分高校健康教育课形同虚设。

二、大学生健康教育模式

（一）以课程为主导的健康教育

课程是实施健康教育的主要形式，且有效地发挥课程育人的作用，可以使得健康教育的实施更加系统化。从当前我国高校健康教育的实施来看，健康教育课程主要包括以下三类。

1. 卫生健康课程

根据《普通高等学校健康教育指导纲要》的规定，高校应当针对不同年级学生的生活、学习、工作需要开展卫生健康教育课程，从健康生活方式、疾病预防、心理健康、性与生殖健康、安全应急与避险五个方面满足高校学生的健康需求，其目标在于使学生树立现代健康意识，提高应对风险能力；增强防病意识，提高疾病防控能力；树立自觉维护心理健康的意识，提高心理适应能力；树立自我保健意识，提高维护性与生殖健康的能力；树立安全避险意识，提高自救与互救能力。高校卫生健康课程主要以任选课和系列讲座形式出现，必要时开设必修课，其主要目的是预防疾病和亚健康的发生。这种在低年级普遍开展的卫生健康教育，更好地利用了低年级可塑性强的特点，更能够有效减少心理生理危害的发生。

2. 体育健康课程

体育健康课程的主要目的就是通过体育与健康课程的教学努力解决学生身心健康问题，如我国青少年体质健康水平持续下降的问题以及青少年学生在体育活动和学习生活中表现出来的意志薄弱、活力不够、缺少交往、性格孤僻、焦虑抑郁等不良心理倾向。我国的体育健康教育课程受应试教育的影响较为明显，依旧遵循的是比较传统的模式，在课程设置、运动设施方面均存在诸多问题。现有体育课程多以教育竞技运动项目为主，主要考核技术动作，考核方式过于严苛，更加适用于专业体育选手的培养。而体育健康课程应该以学习体育与健康知识、技能和方法为主要内容，以增进学生健康，培养学生终身体育意识和能力为主要目标。具体而言，一是要从课程的角度，提出学习目标设置、教学内容选择、教学方法选用、课堂氛围营造、学习评价等总体要求；二是要从体育学科的角度，提出教学中要高度重视运动负荷、体能练习、运动技能等关键要点，促进学生保持良好的体能，享受运动的乐趣，增进健康。现在已有多所高校将武术、舞蹈、瑜伽等纳入体育课程，更加符合学生的需求。

3. 心理健康教育课程

在社会进步的推动下，心理健康越来越受到重视。心理健康教育课程的开展可以使大学生系统学习科学的心理健康知识，深入了解自身的心理健康状况，注重心理健康，培养良好健康习惯，适应、融入周围环境。当前高校心理健康教育课程具有明显的活动性、体验性、开放性和人本性。活动性是高校心理健康教育课程的突出特征，它是以现代活动课程理论为基础的，表现为把心理健康教育寓于活动之中。体验性是高校心理健康教育课程的基本特征，因为体验所强调的不是活动的结果而是活动的过程，故课程能否具有实效，很大程度上取决于大学生的内在心理是否产生真真切切的体验以及体验的程度。开放性是高校心理健康课程的结构特征，在高校心理健康教育课程中，学生在传递知识、掌握技能以及形成良好行为习惯的同时，还可以挖掘学科课程、活动课程与环境课程的开放性。人本性是高校心理健康教育课程的主体特征，课程实施的过程就是教师促进大学生主动建构心理认知的过程。在这个过程中，教师的主要作用在于为学生理解和构建心理认知搭起“三脚架”。因此，它不是一种静态的课程，而是不断变化的动态课程。

(二)以活动为主导的健康教育

1. 各种运动赛事、趣味活动

高校通过举办多种体育赛事使学生们不断接触、学习运动技能，同时通过各种奖励机制激励同学们不断提高自身技能，保持高度运动热情。在运动过程中，学生可以有效缓解课业压力，培养阳光、乐观的心态。

2. 多种健康讲座、健康知识竞赛、心理咨询

在学校健康教育开展方式方面，除基本的课堂教学外，还可从多途径强化学生的健康教育，如开设专家讲座、播放专家的专题视频、组织专家现场咨询、有针对性地举办各类健康教育专题讲座等。高校可以有针对性地开展健康教育，内容方面应避免一般阐述，要尽可能贴切实际，多结合实例，展示图片、制作专题视频，尽可能丰富教学内容。以活动为主导的健康教育模式在实际应用中效果显著，应当充分发挥其优势。心理咨询则是有针对性的健康指导，通过教师自身的丰富知识与经验给予学生有效的引导，从而维持学生身心适应的良好状态。

3. 充分利用信息网络技术，加大健康宣传活动力度

高校应充分利用目前先进的信息技术，发挥学校互联网的作用，开发内容丰富且全面的健康教育网站、手机 APP 和微信公众号等平台，并利用校园广播、闭路电视、板报等途径广泛传播健康知识，加强健康教育文化的导向作用，以强化健康教育的效果。

第三节 大学生健康教育的内容及意义

一、大学生健康教育的内容

2017 年 6 月 14 日，教育部针对各地各高校在推进健康教育工作时存在的健康教育覆盖面窄、针对性不强、措施落实不到位等问题，以及部分学生健康意识淡薄、维护和促进自身健康能力不足、不健康生活方式威胁到身心健康等问题，印发《普通高等学校健康教育指导纲要》(以下简称《纲要》)，明确了开展高校健康教育的总体要求、主要内容、实施途径与保障措施，为高校开展健康教育提出新的指导框架，以进一步提升学生健康素养，促进学生身心健康。

大学生健康教育是高等院校都应开设的一门重要课程，主要以传播健康知识为核心内容。大学生健康教育一般包括生理健康教育和心理健康教育。生理健康教育主要是让大学生了解身体健康知识，从生物角度来预防和治疗疾病、树立正确的健康意识，以及养成良好的生活习惯。心理健康教育主要是树立和维护心理健康观念和意识，提升心理健康水平和社会适应能力。根据《纲要》，大学生健康教育的内容具体包括健康生活方式、疾病预防、心理健康、性与生殖健康、安全应急与避险五个方面(见表 1-1)。

表 1-1 大学生健康教育内容简介

项目	目标	核心内容
健康生活方式	树立现代健康意识，提高应对健康风险的能力	现代健康的概念；健康问题和影响因素；健康决策和管理的基本原则；饮食行为、睡眠、运动与健康；烟草、毒品及物质滥用的危害；环境卫生与健康
疾病预防	增强防病意识，提高防控疾病的能力	常见传染病、慢性病的预防；抗生素滥用；定期体检；健康指标；正确选择保健与保险服务
心理健康	树立自觉维护心理健康的意识，提高心理适应能力	与身体健康关系；心理发展特点；抑郁症与焦虑症；人际关系；心理咨询与服务；珍爱生命
性与生殖健康	树立自我保健意识，提高维护性与生殖健康的能力	友谊、爱情、婚恋、家庭与伦理道德；优生优育；避孕；常见生殖健康问题与保健方法；无保护性行为的影响；艾滋病；预防性侵害的方法与技能
安全应急与避险	树立安全避险意识，提高自救与互救的能力	意外伤害；无偿献血；现场救护；动物抓、咬伤后的应急处置；网络安全；职业伤害；旅行卫生保健

根据《纲要》的要求，大学生健康教育应遵循问题导向与健康需求相衔接、知识传授与行为养成相促进、课堂教学与课外实践相协调、维护个体健康与增强社会责任相统一、总体要求与地方实际相结合的原则。健康教育的内容应贴近大学生的健康需求，并根据健康管理的理念制定合理全面的健康教育课程。

二、大学生健康教育的特点

在健康教育课程的教学过程中，为确保教学的质量，必须采用合理教学方法，遵循相应的原则。一般而言，高校健康教育教学有六个特点。

第一，与一般的学科教学模式不同，高校各种健康教育课程都是以培养或训练健康品质为主要教学目标。作为教学目标的健康品质可以是各种心理因素，如自我意识、成就动机、归因模式、意志品质、心理健康等，也可以是各种健康知识与健康习惯。不同的教学模式各有侧重：有的强调智力因素的培养，有的强调非智力因素的训练；有的要求较全面地培养各种健康品质与素养，有的重视某一方面的健康习惯的训练。

第二，健康教育的课程教学必须规定教学的基本步骤或主要程序，而这样的教学步骤或程序一般都明确地以大学生的学习心理过程与行为改变理论观点为基础。传统的教学模式往往缺乏对大学生学习者的心理过程与行为改变的深入分析，故其教学程序不容易适应大学生的学习过程及其特点。

第三，高校健康教育的课程教学多主张大学生主体性的教学原则，强调充分发挥大学生学习的主动性。一般都要求以大学生的需要与特点为出发点，教学的内容尽量围绕大学生关心的实际问题，以此激发大学生的学习兴趣与主动性。教学中教师要尊重学生的主体地位，鼓励学生唱主角。强调学生的主体性并不是忽视教师的主导作用，教师的主导作用主要体现在课程设计及教学过程的组织上。教师在课程教学设计上应尽量安排符合学生实际需要的内容，设计好问题情境，留出学生发挥想象力与进行思维活动的空间；在教学过程中，教师要鼓励学生发表意见，暴露真情实感，努力探索解决问题的办法。教师要善于提出有启发性的问题，多用鼓励性的、商量式的语气说话，尽量避免使用“你听我说”“我告诉你”之类的命令式、灌输式的口吻。

第四，健康教育的课程教学一般要求面向全体学生，同时也要求重视学生的个体差异。教学面向全体学生就是要求在制订教学计划时着眼于全体学生；确定教学内容时要考虑大多数学生共同的需要与普遍存在的问题；在教学过程中创造条件让尽可能多的学生参与，特别是要给那些内向、沉默、害羞，平时不大引人注意的学生提供参与和表现的机会。面向全体学生并不是要否定学生的个体差异，恰恰相反，只有重视学生的个体差异、个别化地对待每一个学生，才能做到“因材施教”，给全体学生提供有效的教学与服务。教师不仅要了解学生的共性，更要了解学生的个性。

在组织教学过程中，既要有面向全体学生的教学形式，也要有面向小组的教学形式，乃至需要个别化的教学形式。

第五，健康教育的课程教学一般较为重视学生的实际操作活动，主张“做中学”，因而强调活动课程的设计，要求向学生提供各种实践活动的机会。健康品质的形成不仅需要认识上的提高，而且需要情感态度上的改变，更需要相应的行为方式的形成。因此，单纯从知识上入手的教学往往使学生知与情、知与行相分离，难以培养学生知、情、意三者有机结合的良好心理品质。在教学过程，只有重视学生的实际操作活动与亲身的体验，才能有效地促进学生知、情、意的统一，培养学生良好的心理品质。

第六，健康教育的课程教学一般都强调教学过程中师生之间的多向反馈与互动。在课堂教学中，教师与学生、学生与学生之间的相互关系与相互作用直接影响着教学的效果与质量。传统的教学模式一般以教师活动为主，师生之间的关系主要是一种单向的反馈结构，学生完全处于被动受教的位置，难以发挥自身的主动性。心理教学的模式则要求充分发挥学生的主动积极性，实施师生之间、学生之间，以及学生自身的多向反馈。在班集体中，教师与学生都是其成员或参与者，他们之间都可以通过正式或非正式的方式进行多向的信息交流，从而提高班集体活动的数量与质量，对学生产生更深刻、更有效的影响。

三、大学生健康教育的目的

大学生健康教育的目的是通过有计划、有组织、有系统、有目的和有评价的活动，改善、维护、促进大学生的健康状况，从而有利于社会主义精神文明建设。具体概括如下。

第一，使大学生认识到不健康的行为和生活方式是致病的最危险因素(最突出的是吸烟、酗酒、膳食结构不合理、滥用药物、精神紧张和运动不足)，帮助他们改变不健康的行为和生活方式，掌握增进健康的方法。学校要着重宣传合理营养知识、科学用药知识、合理锻炼的意义和自我保健的方法。

第二，大学生处于青春后期发育阶段，生理、心理上的变化，特别是人际关系的变化，性意识的发展，学习上的压力和有关前途的考虑，都会给其带来很多困扰，如处理不当，就会影响健康。因此应对其进行如何应对生活中的挫折、焦虑、紧张情绪，如何处理集体人群生活中的人际关系等社会适应能力方面的教育；应对其进行性教育，包括男女生殖器官解剖、性生理、性自慰、遗精、月经紊乱、性病预防等方面的医卫知识教育；应教育大学生注意学习中的心理卫生，包括用脑卫生、睡眠卫生等，以调节大学生心理，为大学生创造良好的心理环境。

第三，使大学生了解常见病的自我保健知识。针对大学生中常见的疾病，如上呼吸道感染、消化系统疾病、常见的传染病(肺结核、肝炎、痢疾、疥疮)等，讲解其特点、预防对策，应使大学生能对一些常见的症状如头痛、腹痛、发热进行适当处理。根据当前我国人群的患病特点，要特别宣传与心脑血管疾病、恶性肿瘤、意外伤害等有关的危险因素及相应对策。此外，大学生参加体育运动易造成运动创伤，有关触电、溺水等意外事件的抢救知识也必不可少，必须对大学生普遍进行自救和互救方法的教育。

第四，使大学生树立大卫生观念，自觉控制污染，保护自然环境。学校应建设成环境优美、卫生清洁的工作、学习、生活场所，使广大师生充分认识到环境污染对健康的危害，防止校园内外的生活污染、生产污染，即音量、光线、色彩等都应符合生理卫生的要求。教育学生积极参加各种卫生活动，改变不文明、不卫生的生活习惯，自觉执行有关政策、法令，支持卫生保健事业的发展。

四、大学生健康教育的意义

健康教育是提高全民健康素质的优先战略，对于促进健康公平，保障人群健康，推动经济社会和谐可持续发展具有重要意义。大学生正处于体力和智力发育的旺盛时期，是充满活力和富有发展能力的青年群体，如果在大学阶段树立了健康的生活理念，养成了良好的生活方式，大学生不仅将成为健康生活方式的践行者，同时也将成为人群健康生活方式的引导者、推动者。科学合理利用卫生保健资源，加强高校健康教育工作，培养大学生的健康意识与责任，促进大学生身心健康意义重大。具体来说，对大学生开展健康教育有以下意义。

第一，增强大学生自我保健意识，促进大学生心身健康。从目前大学生群体的心身健康现状考虑，高校极有必要通过健康教育，增强大学生自我保健意识和能力，增进大学生身心健康。

第二，有助于培养合格人才。一名大学生如果仅学习好、思想好，而没有健康的身心和良好的适应能力，他们专业能力的发挥将受到制约，难以担负国家现代化建设的重任。不少疾病虽在中年以后才发现，但其致病因素是在青少年时期就存在的，并与生活方式密切相关。在大学生中开展健康教育，帮助大学生改变不良生活习惯和行为方式，能提高他们的心理素质和社会适应能力，使之成为合格的国家建设人才。

第三，有助于节约医疗经费。健康教育是投资少而收效十分明显的保健措施。我国各高校每年用于治疗肝炎、肺结核的费用为数万元至数十万元，而这些疾病都是可以通过加强自我保健来预防的。

第四，提高大学生自我保健能力，促进他们积极自觉地参与社会医疗保健活动。健康教育通过对大学生进行宣传教育，使他们建立全面系统的健康观念，接受卫生保健知识和技术，并将这些观念转化为自己的行为，为自身健康服务，同时又以自身的行为改变社会中依然存在的愚昧、落后、迷信、不科学等观念。

第四节　大学生健康教育的组织实施与评价

一、大学生健康教育的组织实施

健康教育者在开始对大学生进行健康教育时，应想到的问题有：值得教什么？怎样教才能教得最好？教了之后结果究竟有多好？这三个问题说明了一个健康教育的基本过程，即要先有目标，而后采用适当的方法，教育结束之后要有评价，评价的结果又可作为再次教育的参考，所以教学步骤应该是连续不断的。下面分别介绍大学生健康教育的各个步骤。

1. 评估大学生的需要和兴趣

健康教育的第一个步骤是评估大学生的需要和兴趣并获得大学生的信任。不同年级、性别的大学生对健康教育的学习需求有所区别，应针对大学生的发展特点和需求设置恰当的健康教育课程和内容，做到因材施教。

2. 设立大学生健康教育目标

目标的设立是健康教育的重点工作，应根据评估及诊断的结果，确切地指出目标预期达到的水平和程度。大学生健康教育的目标应分为总体目标和具体目标。总体目标是在开展大学生健康教育课程后预期达到的最终结果；具体目标是指由总体目标分解而成的各个方面、各阶段、各层次的目标，具体可分为教育目标、行为目标和健康目标。

3. 拟订大学生健康教育计划

在了解大学生的需要和设立了教学目标之后，即可着手拟订教育计划。教育计划主要包括：教育的时间与场合，教育的程序和方式，教育的承担者，教育效果的评价，教育所需资金，人员分工及职责、组织与管理，等等。

4. 实施大学生健康教育计划

根据拟订的教育计划逐步进行实施。实施工作应包括：制订实施时间表、控制实施质量、建立实施的组织机构、配备和培训实施工作人员、配备和购置所需设备物件等。

5. 评价大学生健康教育效果

评价实际上贯穿于大学生健康教育计划的始终。一项好的健康教育的开展，从健康教育计划的构建、执行到预期目标的实现都需要进行全面详细的评估。

二、大学生健康教育的评价

健康教育评价是一个系统收集、分析和表达资料的过程，它贯穿健康教育的始终。大学生健康教育评价是指评定大学生健康教育工作是否达到预期效果，它不仅有助于了解大学生健康教育开展的目的，还是全面检验、控制、判断和保证大学生健康教育工作的顺利实施并达到预期效果的关键措施。

(一)大学生健康教育评价的目的

大学生健康教育评价的目的在于确定大学生健康教育计划以及健康教育的干预价值，并为健康教育计划的进一步实施和项目的决策提供依据。具体目的包括：①确定大学生健康教育计划的先进性和合理性；②确定大学生健康教育计划的实施和执行情况；③确定大学生健康教育预期目的的达成情况和可持续性；④总结概括大学生健康教育的成功和不足之处，并提出改进建议和下一步研究假设。

(二)大学生健康教育评价的指标

大学生健康教育评价的指标从内容上可分为健康知识水平、健康行为、健康状况和健康观念四个方面的指标。

1. 健康知识水平

健康知识是健康教育评价的基本内容，而健康知识水平是评价健康的一项重要指标。主要包括健康知识学习的参与率、健康知识的掌握率以及健康知识的达标率。健康知识学习的参与率是指健康教育开展时参与健康教育学习的人数；健康知识的掌握率是指个体或群体对健康教育知识的掌握情况；健康知识的达标率是指事先制定的掌握健康知识的标准，通过调查测试不同时间、不同人群的达标情况计算达标率。

2. 健康行为

健康行为是大学生身体健康的外在体现，大学生需要通过各种各样的体育活动和良好的生活习惯来增强体质和维护身心健康。健康行为指标具体包括健康生活方式的形成率、不良生活习惯的减少率和健康活动的参与率。其中在生活中形成的健康生活方式和良好生活习惯的学生越多，说明学校健康教育的效果越好。而健康活动的参与率包括大学生自觉参加健康教育宣传活动、健康知识竞赛活动以及健康体检活动的人数比例。

3. 健康状况

学生的健康状况是评价学校健康教育效果的重要指标。健康状况指标一般包括生理指标和心理健康指标，如身体生长发育水平、体重指数、体质、发病率、患病率、因病缺课率，以及接受学校心理咨询的比例等。

4. 健康观念

健康观和健康意识是形成良好生活习惯、维护身心健康的基础。大学生之所以普遍存在危害健康的行为，正是由于缺乏正确的健康观念。因此，大学生健康观念的评价指标应包括是否了解健康的重要性、是否注意公共卫生、是否能够有效预防流行性疾病、是否能够正确处理健康与运动的关系、是否矫正了不健康的行为习惯、是否能够正视自身的疾病和心理健康。

此外，大学生健康教育评价指标还可从教育过程上分为教学基础指标、教育过程指标和教育效果指标。其中，教学基础指标包括课时、教材教具、教学设施、辅助设施等；教育过程指标包括教学计划、教案、教师培训、教学质量、开课率等；教育效果指标包括书面考核、实际操作、缺课率、体育锻炼等。不同的学校可根据各自学校的具体情况增减评价项目。

（三）大学生健康教育评价方式

1. 自我评价与他人评价

自我评价是评价者参照一定的标准对自身的健康教育学习做出评价，是一种比较容易开展的评价方式。评价重点包括学生对自身健康意识的建立、基本知识和技能的掌握、健康行为的形成等内容的评价，以及教师对健康教育实施过程和效果的评价等。

他人评价是来自外部的评价，如教师对学生的评价、学生之间的评价等。他人评价的客观性和真实性较高。自我评价和他人评价多采取调查问卷、座谈、成果展示等方法进行。

2. 过程性评价与终结性评价

过程性评价贯穿健康教育执行的全过程，可连续不断地进行反馈，以使教学过程得到不断优化。过程性评价一般要将横向和纵向方法相结合，通常包括查阅档案资料、目标人群调查、现场观察三种方法。

终结性评价是在过程性评价的基础上进行的，是对各方面资料的总结性概括，能全面反映健康教育项目的成功与不足之处，为今后健康教育计划的制订和项目的决策提供依据。

3. 质性评价与量化评价

质性评价是大学生健康教育中使用最多的一种评价方式，主要用于发现大学生自身的特点和优点。

量化评价是在质性评价的基础上进行的，体现的是大学生对健康教育课程的学习情况和对课程知识的掌握程度。

思考题

1. 大学生健康教育的概念是什么？
2. 说说大学生健康教育与心理健康的关系。
3. 大学生健康教育的意义是什么？
4. 阐述对大学生健康教育评价的认识。

第二章 大学生健康教育的理论基础

本章导读▶

对健康问题的关注和追求成为当今社会发展的一个重要特征。随着物质生活水平的提高和健康理念的不断深入，人们对健康问题的思考也从单纯的医学视角拓展到更加广泛的社会学、哲学、生物学、教育学等多学科理论视角。对学科理论的建构与反思体现了整个学术领域“自我意识”的萌动。当某一学科在尝试建立元理论时，就是在反省与思索，其中也隐藏着变革。对元理论的思考最终将使学科正视自己：或是一如既往地继续下去，或是重新寻找今后的道路。在健康教育领域，尽管很多学者提出健康教育学应以教育学、哲学、医学、生物学、社会学等多学科理论为基础，却往往停留于叙述而很少真正落实，缺少对健康教育理论基础的深入探讨，更缺乏超越学科概念与逻辑结构的元理论分析。本章通过探讨健康教育与哲学、社会学、教育学、心理学、医学、生物学等学科理论之间的关系，就健康教育的理论基础与规律进行反思，对健康教育学科的性质与概念框架进行初步探索。

第一节　大学生健康教育的哲学基础

健康教育哲学研究人的健康问题，主要关注的是哲学视域中人的健康，一方面要研究人的健康特性与教育存在的关系，即人所具有的能把自己的健康作为意识的对象这一特性是健康教育存在的根本原因，这也是健康教育哲学的起始问题；另一方面，还要研究教育与人的健康发展变化的关系，即教育影响下的人的健康问题，这是健康教育哲学的终极问题之一。

一、中国传统健康哲学

中华民族拥有五千年的悠久历史，儒家、道家及墨家等传统文化影响深远。传统文化一向被认为是关于人生的学问，甚至是关于生命的学问。在这些传统文化的内涵中，我们发现中国传统哲学对于健康概念的理解具有独特的东方文化色彩。儒、道、墨诸家都对生死问题有深刻的关切，包括对生命本原、安身立命、心性修养等的探讨，反映了先哲们对生命与健康的终极关怀。

（一）中国传统文化中的生命观

1. 传统文化中“气”的生命本原观

中国传统文化中的生命观是指中国传统文化中对生命的基本认识和看法，它包括生命的本原、生命运动变化规律、对待生死的态度和认知生命的方法等内容。中国传统哲学将“气”作为生命的本原，认为气是构成生命的基本物质。《黄帝内经》说，“人生于地，悬命于天，天地合气，命之曰人”；《难经》也说，“气者，人之根本也”。而人与其他生命的生命之气是不同的，《淮南子》云：“烦气为虫，精气为人。”《太平经》云：“道之生人，本皆精气也，皆有神也。”“精气”不同于“烦气”，其关键在于人的“精气”有“神”。“神”即精神意识，它能反作用于精气活动，有神才有生命活力。认为精气是构成宇宙万物和人类生命的物质材料，也就是说，人的形体和生命是由精气构成的。

中医学吸收了古代元气论思想，将精气看成是构成人体、维持人体生命活动的最基本物质。认为人体的病例变化在于精气的顺畅与否，五脏六腑皆赖气为之用。《黄帝内经》说，“气之不得无行也，如水之流，如日月之行不休”；《丹溪心法》说，“气血冲和，万病不生，一有怫郁，诸病生焉”。所有疾病的表里虚实，顺逆缓急，无不因气所致，所谓“百病生于气也”。一切疾病的发生发展都与气的生成和运行失常有关。

2. 传统文化中不同的生命观

在中国传统文化中，儒家、道家和墨家对人的生命的认识和主张最具有代表性。

儒家生命观是儒家思想重要的组成部分，主要阐释如何理解生命和怎样对待生命，如何实现人生价值等。从根本上说，儒家哲学就是生命哲学，它对人的生命存在或者生存问题进行了深入思考，确立人的生命存在的价值体系，甚至把生命提升为宇宙世界的本原，它对生命价值的把握是一种直截了当的“悟”。儒家生命观的具体表现有三。一是仁爱善生。儒家生命观遵循“善”的理念，既要善待自己的生命，也要对其他生命体保持敬畏心，这就是广义的“善生”。狭义上的“善生”是在生时处处积德行善，善待万物，常怀恻隐之心和悲悯情怀，心存善念，旨在提升自我道德品质。二是荣生安死。“荣生”表达了两层意思，“荣”是一种欣欣向荣的状态，而人生在世做出“荣”的贡献就可以为人所称道，也实现了个人价值，死而无悔无憾，这与儒家倡导的“朝闻道，夕死可矣”的死亡观相契合。“安死”是一种积极面对死亡的态度，即要先明白生的追求才能拥有死的价值，想要知道死的含义就要先对生进行理解。因此，人应该珍惜生命，生尽其用，有所作为，建功立业。这样才能使人生从有限进入无限、从短暂趋向永恒。三是成己成物。儒家用“成己”与“成物”表示人对意义世界的建构与追求。“成己”是道德理想的自我完善，体现的是道德修养方面的自我价值。“成物”就是实现人的社会价值。儒家学说强调在追求自我完善与自身和谐的同时，还要尽力使自己成为对社会有用、对他人有益、以天下为己任的人。这种理想人格被概括为“内圣外王”，即内在的心性修养达到了很高的境界，同时又有经世济民、治国平天下的胸怀。

道家主张贵生轻物、达生养生、自然无为，强调尊重自然，重视个体内心的体悟和精神世界的陶冶。一是生命认知。道家认为生命起源于“道”，强调要尊重自然。《道德经》指出：“道生一，一生二，二生三，三生万物。万物负阴而抱阳，冲气以为和。”老子对于人性的认识就是基于他“道生万物”的本体论观点，认为只有与生俱来的东西才是生命的本性。“人法地，地法天，天法道，道法自然”，强调对自然规律的尊重。人的生命应该顺应“道”的规律来自然运行，才能保持生命恒久。二是生命价值观。道家主张“贵生乐死”，强调“个体生命”的存在价值。道家将人的生命置于人与自然的关系中，考察人的本然价值。老子曾说：“道大，天大，地大，人亦大。域中有四大，而人居其一焉。”老子将人与派生天地万物的“道”、与人类赖以生存的天地并列，足见他对人的生命价值的肯定。庄子主张不必惧怕死亡，“生也死之徒，死也生之始”。在面对生命的脆弱与人生的苦难时，要保持一种“泰然自若”的心态，并以积极乐观的态度关注生命，从而保持心灵深处的宁静淡泊，以及精神世界的超脱自由。三是生命过程观。一方面，老子主张顺自然而生，守柔弱而养生，反对人生的强劲，反对违背自然规律过分益生。他主张尊重“生”的本真状态，以柔弱、无为来养生、长生，而顺其自然是最好的养生之道。另一方面，他对“死亡”持客观态度，认为死是同于天地的自然现象，是人“生”中蕴含的必然部分，要以客观的辩证的态度去看待和面对。

墨家从科学的角度对生命现象进行思考。《墨子·经上》说："生，形与知处也。"也就是说，生命现象是身体(物质)与知觉(精神)结合的产物，单纯的形体或精神都不会有生命现象。可以认为，这是墨家对生命本原与本质的认识。墨家认为，人的健康关键在于精神的健康，即坚持"义"。墨家也非常重视生命的价值取向，《墨子·贵义》指出："争一言以相杀，是贵义于其身也。"有"士可杀不可辱"的气概。进而指出，"万事莫贵于义"。"义"的标准是："凡言凡动，利于天鬼百姓者为之；凡言凡动，害于天鬼百姓者舍之；凡言凡动，合于三代圣王尧、舜、禹、汤、文、武者为之；凡言凡动，合于三代暴王桀、纣、幽、厉者舍之。"显然，生命的精神存在与精神价值高于肉体生命的存在。

(二)中国传统文化中的健康观

中国传统健康理念根植于传统文化，汲取儒、道、墨各家的生命思想，形成独特并有丰富内涵的健康观。

1. 关注人的形体健康

中国传统文化将身体生理各组织器官的联系以"阴阳"概念进行生理功能的描述。阴阳和调之人为健康之人，而健康丧失的原因，则在于阴阳失调。为此，各家都提到通过饮食、锻炼、保持阴阳平衡、顺应自然规律来达到身体健康。其中不乏关于饮食、起居对健康影响的论述，比如孔子有八不食："鱼馁而肉败，不食。色恶，不食。臭恶，不食。失饪，不食。不时，不食。割不正，不食。不得其酱，不食。"八不食是讲饮食对形体健康的重要影响。《黄帝内经》论述了饮食规律、日常习惯、四时变化等对健康的影响。《黄帝内经》讲"饮食有节，起居有常，不妄作劳"。这是强调饮食有节制，起居有规律，不过分劳作对人身体健康的长久作用。又说"逆春气，则少阳不生，肝气内变。逆夏气，则太阳不长，心气内洞。逆秋气，则太阴不收，肺气焦满。逆冬气，则少阴不藏，肾气独沉"。这是论述四时变化对肝、心、肺、肾等器官的损伤，告诉人们要掌握时令变化的规律调理身体以保健康。还提到"久视伤血，久卧伤气，久坐伤肉，久立伤骨，久行伤筋。是谓五劳所伤"。这是讲不良生活习惯对健康的伤害。

2. 关注人的心理健康

中国传统文化，尤其是儒家文化，注重理想人格的塑造，中国传统文化中的"君子""仁人""完人""大人""至人"等，就是所谓自我实现的人，几乎都体现和表现着心理健康的人的特征。孔子主张"不怨天，不尤人""在家无怨，在邦无怨"。遇事不可过于激动，要善于"制怒"。《大学》云："身有所忿懥，则不得其正；有所恐惧……有所好乐……有所忧患，则不得其正。心不在焉，视而不见，听而不闻，食而不知其味。"心理健康的人应是能自然地表达自己的思想、感情的人。传统文化中的"君子""大丈夫""仁人"就是能"不忧""不惧"，维持"坦荡荡"心情的人。孟子的养心说主张清心寡欲。荀子在"情不可免"的前提下，不主张寡情去欲，但也不能恣情纵欲，而应对情与欲进行“节”与“导”，即对情绪要用“心”进行调节与控制、引导。此外，情绪过度也影响身体健康。《黄帝内经》有怒伤肝、喜伤心、思伤脾、忧伤肺、恐伤肾之说。中医心理学的七情学说、阴阳人格学说和以情胜情的中医心理治疗论都将情绪情感的协调与平衡、稳定视为人的健康的根本之一。

3. 关注人与社会的和谐

儒家论及完整人格时，强调良好的人际关系对修养的重要性。比如孔子说“君子和而不同，小人同而不和”，具有理想人格的“君子”，其人际关系一定是和谐的、融洽的，并在集体活动中有所作为。“仁者，爱人”“爱人者人恒爱之，敬人者人恒敬之”“正心诚意”等，都是倡导人们在人际交往中用仁、爱、诚形成良好的人际关系。道家主张“生道合一”。凡是热爱自己生命，并进而泛爱万物生命的人，便可与大“道”相通，便能“死而不亡”，使生命具有不朽的价值。个体生命的健康与周围的环境(包括自然环境和社会环境)息息相关，养生还应注意个体与周围环境的整体协调。这些都体现了现代健康观里良好的社会适应性的内涵。

4. 关注道德健康

道德健康是指具有善良、正义、公正、诚实的品质。道德健康之人必定是君子、仁人，他们严于律己，助人为乐，行善积德，心理始终处于愉悦、平衡的状态。孔子认为“仁者无忧”“仁者寿”“大德必寿”，凡有德之人皆注重德性的修养和自我人格的完善，胸怀坦荡，仁慈谦让，精神爽朗，光明磊落，这些德行修养对健康长寿大有裨益。孔子还说“小人长戚戚”，是说道德修养不高的人，易斤斤计较、患得患失。如果长期处于这种焦虑、紧张、不安的状态，内心的平衡就会被打破，极易导致神经系统和内分泌系统失调，使自身免疫力降低。孟子主张“得志，泽加于民；不得志，修身见于世。穷则独善其身，达则兼善天下”。既要积极进取，有所作为，又要洁身自好，保持人格独立和心理平衡。这与现代健康观强调的道德健康有异曲同工之妙。

二、西方生命哲学下的健康教育观

健康教育的出现源于人们对个体生命的关注与反思，健康教育面对的是人本身，是生命个体，因此它是一种最基本的生命教育。健康教育的根本目的是促进人的生理、心理和社会性等方面健康、和谐、统一发展，追求一种健康向上、积极乐观的生命态度与精神状态，追求主动发展的生命成长过程，追求一种不断完善的生存价值和生命意义。

(一)生命哲学的观点

现代西方哲学各派别学说林立、观点并存。存在主义、历史文化学派、非理性主义、人本主义和现象学等学派均对人生命的本质和意义进行了不同角度的思考和探索。叔本华认为生命的本质原因是意志，是一种强大的、不可遏止的生存冲动，是一种神秘的生命力，它既存在于盲目的自然力之中，也表现在人的自觉的行为之中，意志就是最大限度地延续生命的愿望。人的生命历程便是意志产生、统治一切的过程，由于人不断有着无穷的生存意志欲望的产生，所以这个过程是痛苦的。尼采则从人的意志中看到了使人从悲观中走出来的支配人生和世界的“超人”的力量，因而他倡导“超人精神”，认为要超越痛苦，才能有创造生命的新契机。他认为，生命是一种不能用理性概念描述的活力，是一种不可遏止的永恒的冲动，是一种能动的创造力。

狄尔泰、柏格森用“生命力”“生命冲动”“生命的绵延”“生命意识”来说明价值、文化和人类社会，构成了形而上学生命哲学体系，是对叔本华和尼采意志思想的继承。狄尔泰认为，人的生命的本质在于生命的意义，应通过自己的内心体验和直觉去把握自己和他人的存在，强调从生命本身去认识生命。也就是说，人通过自身参与实践活动而体验获得关于生命的知识与意义。柏格森把生命理解为蛰伏在生命个体中的“原始的生命动力”，即一种永恒的力量、神奇的活力，一种生生不息的动力。他用“生命冲动”和“绵延”来解释生命现象与生命的创造过程，认为生命冲动是一股持续不断的力，是一股不尽的生成之流。整个世界是实现生命冲动的精神性的过程，只能靠直觉来把握和体验，体验是生命之流与生命之流的交流，是自由对自由的“同情”。

海德格尔和萨特从“存在”这一核心文化理念出发，对个体生命的存在状态予以高度关注。海德格尔从人的“本真生存”的角度强调了生命“向死而生”的意义。人从出生就踏上了死亡的路程，死亡是任何人都无法回避的事实和宿命。面对这样的宿命，只有清醒地知道自己会面对死亡，才能在有限的生命中活出人生的意义和价值。萨特认为“人首先是存在”，人是一种自我设计、自我选择、自己规定自己、自己造成自己的存在物。“存在先于本质”是人区别于物的基本特征之一，只有人是“存在先于本质”的，而其他物质都是本质先于存在的。人“存在”着，人要获得生命的意义，就要自己创造自己，其途径就是引导人去进行自由选择。

由上我们可以发现，生命哲学家们虽然立论角度不同，但其基本出发点却是相同的，即对传统理性和近代科学对人的生命的非生命化的批判，其意图都是要重新召回在理性和科学中失落的生命本身，在确立生命在哲学中的本体地位的同时，还生命以意义和归宿，从而重新确立人在世界中的地位，还生命以本来的面目。

(二)生命哲学视角下健康教育的价值

生命是健康教育的原点，健康教育应回归生命，关注个体生命的存在状态，引导个体对生命和生活进行体验，激发个体生命的内在潜能，使个体不断得以充实、完善和超越，实现个体生命质量的提升。

从生命哲学的视角来看，大学生健康教育应包括两个相互承接的内容：尊重生命和发展生命。其中尊重生命教育包括健康生活方式教育和心理健康的教育；发展生命的教育则包括生命意义的教育、生命信仰的教育、人生理想的教育、人生责任教育。具体来看，生命哲学视角下的健康教育具有以下价值。

1. 关注学生的自然生命，提升个体的生命质量

自然生命是个体的存在意义与价值的基本前提，也是教育的前提。健康教育首先追求人的自然生命力的旺盛与持久，根据自然生命身心发展的生物规律和内在逻辑，关注自然生命存活的状态和持续性特征。因此健康教育需要利用有效的资源，通过文化的传递，使学生滋生智慧，孕育精神和人格，强健体格。有效地促进生命的健康成长与发展，提升人的生命价值，满足人的生命发展需要才是健康教育的首要价值。

2. 关注学生的精神体验，超越个体的精神生命

当前的健康教育通常包括安全教育、禁毒教育、预防艾滋病教育、青春期教育、环境教育等。对健康教育的理解，必须跳出工具层面，而深入生命的本体层面，致力于生命全面统整的发展。自然生命是精神生命的基础，而精神生命一方面是自然生命的升华，另一方面又成为其自我延续的动力因素。其一，健康教育应当在本体意义上关注个体的精神层面，将其作为教育的目的而不是手段；个体的精神状态表征着个体在特定社会文化背景下的生命的存在状态与质量水平，良好的个体精神状态理应成为健康教育的目标；健康教育应在关注个体的自然生命及其行为的基础上，进入并了解个体的精神世界，将个体对自身存在和生命的意义的感知作为教育实践的出发点与归宿。其二，以精神生命为终极价值，要求健康教育必须直面现代社会中的文化与价值冲突，使学生在面临复杂的个人和社会健康问题时，作出正确的社会价值选择。其三，健康教育应当关注学生个体生命意义与价值的获得，换言之，通过健康教育，学生不仅应获得基本的健康技能和对人类健康及其意义价值的整体性认识，更应该形成自我的意义感知与价值肯定。

3. 关注学生的社会生命，实现个体的社会价值和意义

从社会性的存在意义来看，当生命被赋予社会意义和价值，生命就不再只是个体的自然性存在，更是社会的存在(在社会的关联中存在)，生命之存在本身就标示着对一定价值(生命的质量与品质)的追求，同时也意味着一定的责任与担当。

第二节 大学生健康教育的心理学基础

一、大学生的心理发展特点

对大学生进行健康教育，全面了解大学生的心理发展水平，准确把握大学生心理发展的特点是关键。只有深入、全面、准确地把握大学生心理发展特点，才能制定科学的健康教育目标，确定有效的教育方式，选择有针对性的教育内容，使我们的健康教育落到实处，发挥作用，真正达到提高大学生健康教育素质的目标。

(一)智力发展趋于成熟

大学生年龄一般都在17～23岁，生理发育已基本成熟。大脑已完全成熟，智力发展达到高峰，为学习文化知识提供了物质条件。在这一阶段，大学生思维敏捷，对问题的思考不限于寻求原因与结果的逻辑关系，而是把由经验决定的合理性判断也引入思考过程中，并把它当成重要的标准来使用。他们喜欢质疑，辩证逻辑思维能力进一步发展，分析问题、解决问题的能力大大提高。

(二)自我意识增强但发展不成熟

人的自我意识从儿童期开始发展，到青年期逐步走向成熟。大学生由于生活环境的变化，脱离父母的呵护，开始了独立生活，其成人感、独立感骤然增强，自我意识进一步发展。他们更多地把目光从外部世界转向自己的内心世界，致力于自我认识、自我体验、自我评价、自我监督和自我约束。他们加强自省，注重对内心的分析和体验，力图了解自己的情感和心理，关心别人对自己的评价，渴望得到尊重和理解。他们十分注重塑造自身形象，并设计出理想中的自我模式，现实自我与理想自我开始产生分化。但同时，由于自身关于社会生活的知识、能力和经验等的不足，部分大学生不善于正确处理自我完善与社会发展需要的关系，还没有做好立足现实、长期艰苦奋斗的心理准备，往往对自己估计过高，不善于倾听不同的意见，难以充分理解人、尊重人，容易表现出自命不凡、刚愎自用；也有少数人难以充分了解和正确认识自己，不能坦然接受自己、欣赏自己，一旦遇到自己无力解决的问题或遭遇某种挫折时，容易出现对现实不满或产生强烈的自卑感，甚至自暴自弃，行为失控，做出不理智的事情。大学生的自我意识发展虽正逐步走向成熟与完善，但也容易出现一些偏差，这表明大学生的自我意识还没有达到最终的完善与统一。

(三)情感的丰富性与情绪的波动性

需要是情绪与情感产生的基础，大学生的心理需要复杂多样，既有衣食住行等基本生活的需要，又有迫切的交往需要和成就需要，他们渴望理解和尊重，寻求友谊和爱情，还有自我实现和求真、求善、求美的高层次需要。大学生充满青春活力，随着校园生活的深入展开，社会需要增多，情感也日益强烈，日益发展完善。这种强烈的情感不仅仅表现在学习和生活中，也体现在对家长、同学和老师的态度等方面。复杂强烈的需要导致大学生的情绪与情感体验丰富而深刻，使得他们不论是在日常生活、学习、交往中，还是进行社会活动时，无不带有浓厚的感情色彩。大学生自我情感体验方面十分丰富，他们注重独立、自尊和自信，有强烈的民族自尊心和自豪感，有“天下兴亡，匹夫有责”的社会责任感。大学生大多疾恶如仇、善恶分明、正义感强。但是，大学生生理、心理和社会性上的不平衡，使得他们的情绪和情感具有不稳定性，突出表现为情绪与情感的波动性特点，即常在两极之间动荡、起伏，时而平静、时而活跃，时而积极、时而消极，时而肯定、时而否定，时而内隐、时而外显。此外，大学生精力充沛、血气方刚，具有勇往直前的气魄。但有时也存在盲目蛮干等问题，尤其是在感受到挑衅和敌意时，容易情绪失控，呈现出冲动性特点。

(四)爱情需要与性意识进一步发展

随着大学生生理、性心理的发展，爱情需要与性意识也快速发展起来。他们对异性充满好奇，关注异性，追求纯洁美好的爱情，加上大学环境较为宽松，不少学生已开始考虑恋爱问题，并试图建立相对稳定的恋爱关系。不少大学生都能合理选择恋爱时机，处理好学业与爱情的关系，并采取文明健康的恋爱方式，使之成为人格完善的契机和美好人生的华章。但也有部分大学生在尚不了解爱情真谛时就匆忙涉足爱河，从而陷入感情旋涡，影响学业；或者因不能慎重处理两性关系，酿成悔恨的苦酒。

(五)认知能力发展的矛盾性

人的智力水平从出生后开始迅速发展，20～35岁时达到顶峰。大学生经过十几年的学习训练，到大学阶段，各项智力因素均达到相当高的水平。他们记忆力强、观察敏锐、思维活跃、反应敏捷，表现出强烈的求知探索、开拓创新的倾向。尤为可贵的是，随着知识的拓展、经验的积累和思维能力的提高，大学生不再满足于停留在事物的表层或定论上。他们的批判性和创造性有所增强，主张独立发现问题和解决自己认为需要解决的问题，喜欢用批判的眼光对待周围的一切，不愿意沿着别人提供的方法去思考和解决问题。其思维的辩证性、发展性都有所提高。但是，他们的抽象思维水平并没有达到完全成熟的程度，主要表现在思维发展不平衡，思维的广阔性、深刻性和敏感性发展比较慢。由于个人阅历浅、社会经验不足，看问题时容易钻“牛角尖”，并且掺杂个人的感情色形，缺乏深思熟虑，往往有偏激、过分自信和固执己见的倾向。这是大学生心理与社会性发展尚不成熟的表现之一。

总的来说，从心理发展水平看，大学生正处于青年中期，心理发展基本成熟但尚未完全成熟。多数大学生的心理正处于迅速走向成熟又没有完全成熟的时期。他们的认知迅速发展，达到了相对成熟。情感也从激情体验、易感状态逐步过渡升华为富于热情、充满青春活力、社会道德感和社会责任感增强。在意志行动上则从容易冲动发展到具有一定的自控力，形成相对稳定的行为习惯。从个性发展方面看，大学生的性格、能力等个性心理特征都达到了相对稳定和渐至成熟的水平，理想、信念、自我意识也逐渐接近成人的发展水平。

二、大学生的心理成熟模式

（一）奥尔波特的“成熟的人”模式

奥尔波特认为，成熟的心理健康的人的动机是指向未来的。奥尔波特说：“拥有长远目标，对于我们个人的存在来说，被看做是主要的。”“正是它，把人从动物中区分出来，把成人和儿童区别开来，而且在许多情况下，也把健康人格和病态人格辨别开来。”这种观点认为，成熟的人追求希望、志向、理想，其个体追求生活的紧张、充实，而并非轻松、安逸。他提出健康、成熟的人格应具有以下六个特点。

（1）具有自我扩展的能力，即参加活动的范围广泛。

（2）具有与他人热情交往的能力，即与他人关系亲密，但无占有感、嫉妒心。

（3）具有安全感和自我认可（自我承认）的能力，即能忍受生活中不可避免的冲突和挫折，经得起一切不幸遭遇，常形成积极的自我意象。

（4）具有现实性自觉，即看待事物多依据其实在的境况，而不仅仅是根据自己的希望。

（5）具有自我客体化表现，即能够把自我作为一个客体对象来审视，正确认识自我。

（6）有一致的人生哲学，即有一种一致的方向，为一定的目的而生活，有一种主要的愿望，并力图使之对人的一切行动产生创造性的推动力。

（二）马斯洛的“自我实现的人”模式

马斯洛是人本主义心理学的创始人。他提出需要层次说和动机分类说。马斯洛把人类的需要分为五个等级，从低到高分别是生理的需要、安全的需要、爱和归属的需要、尊重的需要、自我实现的需要。人类行为的动机分为两类，前四种需要被称为匮乏性动机，最后一种自我实现的需要属于成长性动机。人在自我实现的过程中需要不断地发挥自己的潜力与创造力，不断超越自我。

马斯洛从积极的角度定义心理健康，提出自我实现的人。自我实现有两层含义：一是完美人性的实现，即作为人类共性的潜能的自我实现，包括友爱、合作、求知、审美、创造等特点或潜能的充分展现；二是个人潜能的实现，指的是具有个体差异的每个个体的个人潜能的实现。马斯洛通过对历史上以及他所处时代的一些著名学者、文学家、艺术家和政治领袖进行个案研究，概括出自我实现者的人格特征：对现实具有优秀的洞察力；对自我、他人和自然的接受；行为的真实流露；以问题为中心；超然独处；自主性强；能够欣赏生活；高峰体验；有同情心；谦逊与尊重；人际关系深厚；道德感强；明确区分手段与目的；富有哲理的、善意的幽默感；创造力；对文化适应的抵抗；不完美性；等等。

马斯洛的健康人格模式存在一定的缺陷，他从根本上离开了人的社会条件、历史发展和人的生活实践来考察人的需要及其层次性。

(三)皮尔斯的“此时此地的人”

健康人格是皮尔斯人格学说的核心内容。概括而言，皮尔斯所倡导的人格健康者就是“此时此地的人”。这种人具有以下典型特征。

1. 注重此时此地。皮尔斯认为，人格健康者注重现在，关注“此时此地”。在他们看来，过去已经不存在，未来尚未存在，因此他们着重于当前情境的指引，注重享受的唯一现实就是此刻。既不是过去事实的俘虏，也不是未来幻想的俘虏。

2. 客观而全面地认识自我。皮尔斯认为，人格健康者生活在真实的世界中，能客观认识自我及其与世界的联系。心理紊乱者生活在中介幻想层面上，在幻想中耗费掉许多精力。有人以幻想代替现实，因其既甜蜜美好，又不花费气力；有人则以幻想的恐惧、焦虑代替真实的世界，整日惊恐不安。因此，维持人格健康必须消除现实世界与自我之间的屏障，倒空中介幻想区的内容，建立意识连续体。

3. 勇于承担责任。皮尔斯强调，心理健康者能够对自己创造的生活、对自己的所作所为、对自己感觉和思考的事物独自承担责任，而不是把责任转嫁到父母、配偶、命运或外部社会力量之上。

4. 不刻意追求幸福。人类对幸福生活的向往和追求是永恒的。皮尔斯则认为，一个人若是把幸福作为人生追求的目标，则其实质上是把精力从当前的现实中移开，因此是得不到幸福的。人格健康者不刻意追求幸福，但在此时此刻中幸福却出现了。

(四)弗洛姆的“创造性的人”

弗洛姆在人本论意义上认为人具有一种创造性(或是生产性、自发性)，保持这种特质的人就是完整的。这种人富有爱，有创造性，具有高度的发展及推理能力，能够客观理解世界和自我，拥有稳固的统一感，与世界相处得很好，并扎根于世界之中，是自我或命运的主体或动因。这种有创造性的人，往往运用个人的全部能力和潜力，依靠他们具有的全部潜能，通过形成他们所能形成的能力、实现他们的所有能量，创造了他们的自我。创造性的人包括四种健康的人格，分别是创造性的爱、创造性的思维、幸福和道德心。

1. 创造性的爱。弗洛姆认为创造性的爱包括自由平等的人际关系，在这种人际关系中，人人都能保持自己的个性，一个人的自我不会被他所热爱的另一个人同化以至消失。达到创造性的爱必须付出巨大的努力。爱不仅是一种情感，还是一种难以达到的活动。创造性的爱不局限于性爱，还包括兄弟情谊的爱(爱所有的人)、母爱等。

2. 创造性的思维。创造性的思维包括智慧、推理和客观性，是由对思维对象的强烈兴趣所激发，被思维对象所感动的。

3. 幸福。幸福是与创造性定向相一致的，它是生活的一个有机组成部分和结果，它伴随着所有创造性活动。弗洛姆认为幸福感是一个人“在生活的艺术中”成功的证明。

4. 道德心。弗洛姆将之区分为权威主义的道德心和人本主义的道德心。前者体现为一种内化了的外部权威，这个权威可能来自父母、国家或任何别的团体，它通过人害怕由于违反权威的道德规范而受惩罚来调节人的行为。人本主义的道德心则是自我的，健康人格对行为的指导是内在的、个人的，是按适宜的人格充分发挥作用的。具有健康人格的人，他们的行为能引起自我的内部的赞同感和幸福感。其内心在说："我愿意做这件事，因为它是我自己的事。"而不是说："我必须做这件事，因为我的父母要求我这样做。"可见，健康人格是自我指挥、自我调节的。

（五）弗兰克的"超越自我的人"

弗兰克认为人真正追求的不是自我实现，而是超越自我的生活意义。这种追求包含了对自然界、人类社会和文化，以及人在其中所处位置的探索和理解，目的是更好地把握人生、更有意义地去生活。对人生意义的追求，不是满足于自我的平衡状态，而在于一种自我的超越，表现为勇于承担责任、敢冒风险、不断地创造。弗兰克的"超越自我的人"具有以下特点。

1. 意志自由。弗兰克认为，尽管对于那些影响我们生活的外部条件来说，我们是受支配的，但是我们选择行动的时候是自由的。这些给予我们的上升到环境和命运之上的最终的自由就是意志自由。

2. 追求生活的意义。弗兰克关于心理健康的观点强调意义意志和生活的意义探索的重要性。意义意志是一种向生活提供目的、意义的需要。我们要能超越自己，把自己献给一种事业，并且能面对经常出现在生活中的挑战。健康的人不仅应该独立地探索生活的目的和意义，还应该用行动做出表示。

3. 由远景目标和任务指引。弗兰克认为这是人的独特性，因为人只有面向未来才能生活。一个人如果对未来没有信心，丧失了生活上的"精神支柱"，心理和身体注定会迅速地衰退下去。

4. 献身工作，通过职业或任务向世界提供某种有价值的东西。弗兰克认为为生活提供意义不是任务（外部力量），而是我们的人格（内部力量）的要求。比如，一名护士做了每天都必须完成的任务，这对为生活提供意义是不够的。只有这个护士安慰了恐惧或者濒死的患者，才是其超越自我的表现。

第三节　大学生健康教育的行为学基础

健康教育的核心是行为改变，包括终止旧的不健康的行为、采用新的健康行为，以及强化已有的健康行为，并由改变个人行为到改变群体行为以至改变社会行为。一些学者提出诸多的行为改变理论，期望通过改变人们的相关行为，促进人们的健康。本节着重介绍几个较为成熟并且应用较多的行为改变理论模式。

一、知信行模式

知信行(knowledge，attitude，belief，and practice；KABP)模式，也称认知模式，是行为改变较为成熟的模式，其本质是认知理论在健康教育领域的应用。知信行是知识、信念和行为的简称，其中知识和学习是基础，信念和态度是动力，行为是目标。知信行理论认为，只有在了解卫生保健知识和正面信息的基础上，才能建立积极、正确的信念和态度并以此为动力，进而主动形成有益于健康的行为或者改变危害健康的行为。

以大学生吸烟为例。要改变大学生的吸烟行为，达到戒烟的目的，健康教育工作者需通过多种方法和途径把吸烟有害健康、吸烟引发的疾病以及与吸烟有关的死亡数字等知识传授给大学生。大学生接受知识，通过思考内化吸烟有害健康的观念，并自觉承担起保护自己和他人健康的责任，进而形成信念。在这种信念的支配下，大学生会对戒烟持积极的态度，逐步建立起不吸烟的健康行为。但是，大学生从接受知识到改变行为是一个漫长而复杂的过程，其中两个关键步骤是信念的确立和态度的转变。在信念确立之后，如果没有坚定的态度转变，实现行为的改变只能是空中楼阁。因此，健康教育者应学会促进大学生态度转变的方法，及时有效地削弱和消除不利的影响，创造有利于行为改变的环境，最终达到期望的行为改变目标。

知信行模式指出，从接受信息到改变行为的过程可分为十个阶段，即信息传播→观察信息→引起兴趣→感到需要→认真思考→相信信息→产生动机→尝试行动→坚持行为→行为的确立。针对不同阶段，健康教育者可以运用以下有针对性的方法促进大学生态度的转变，从而达到最终改变行为的目标。

1. 增强信息的权威性和传播效能。当人们对信息的权威性产生信赖并引起兴趣、自觉需要时，便会主动进行思考、选择和决定。教育者不应仅仅关注大学生知识的多少，还应注重知识的有效性以帮助其形成某种信念，最后促成产生与此信念相关的行为改变。

2. 利用大学生身边的实例。现身说法往往能起到较好的效果，活生生的例子对那些半信半疑或者信心不足的人群最有说服力。

3. 针对具体原因强化干预措施。对那些“明知故犯”“知而不行”的人，可以采取有针对性的强化干预措施，如借助政策、法律、经济、公众舆论等手段。

4. 凯尔曼阶段理论。利用凯尔曼提出的阶段理论(服从→同化→内化的态度改变过程)，对社会危害性大的行为采取强制措施。例如，对于戒烟，戒烟者开始是并不心甘情愿的“服从”；一段时间后开始自愿服从，与其他同伴一起戒烟，即进入“同化”阶段；此后，戒烟者从内心深处真正接受吸烟有害的观念，树立起必须戒烟的信念，并以此信念贯穿此后的戒烟过程，成为改变行为的内在标准。此即“内化”过程。

二、健康信念模式

健康信念模式(health belief model，HBM)是运用社会心理学方法解释健康相关行为的重要理论模式。它以心理学为基础，由刺激理论和认知理论综合而成。健康信念模式遵循认知理论原则，强调期望、信念对行为的主导作用，认为主观心理过程是人们采纳有利于健康的行为的基础。因此，如果人们具有正确的健康信念，就会接受劝导，从而改变不良行为，采纳正确的健康促进行为。

(一)基本原理

健康信念模型假设，一个人是否采取某种健康相关行为，取决于这个人是否认识到某个负性的健康结果。而有一个正向期望，即通过采取一个推荐的行动，他将避免某个负性健康结果，确信他能成功采取推荐的健康行为。

必须强调的是，避免负性健康结果是健康信念模型中的一个关键要素。例如，一个人为了保持体形和愉快心情而加强运动就不符合健康信念模型，这是因为他没有认识到盲目加强运动可能导致负性健康结果。

一个人采取某种健康相关行为的动机可分为个人的认知、行为改变因素和行动的可能性。个人的认知是指一些影响认知疾病的因素，包括健康对个人的重要性、疾病的易感性、疾病的严重性。行为改变因素包括认识到疾病的威胁、行动的提示。行动的可能性是指影响采用被推荐的健康行为可能性的若干因素。

(二)健康信念模式中影响健康行为的因素

1. 知觉到威胁和严重性

知觉到威胁和严重性是从疾病的易感性和严重性入手，通过疾病的高发病率和可能引起的疼痛、伤残甚至死亡的严重后果进行引导，让大学生认识到疾病对健康的威胁；从疾病可能引起的对学习、生活以及社会活动的广泛影响，让大学生认识到后果的严重性，从而对目前的行为方式感到害怕和恐惧。感知度越高，则对目前行为的恐惧越大。这一因素是促使大学生产生行为改变的直接原因，也是健康教育成败的关键。

2. 知觉到效益和障碍

让大学生仅仅感知到危害性和严重性还远远不够，他们只有意识到采纳健康行为带来的益处才会采取行动。大学生认为采纳健康行为带来的益处越多，就越有可能改变行为并制订明确的行为方式和路线。同时，也要提醒他们改变行为所面临的困难和障碍，因为对困难的认识是使行为巩固持久的必要前提。但是不能夸大障碍的程度，如果感知障碍太多，就会阻碍大学生采纳健康行为。总之，既要让大学生充分认识到健康行为的益处，同时也要适度估计改变行动过程中面临的困难，促使他们改变过去的行为，采纳健康行为。

3. 自我效能

自我效能是对自我能力的评价和判断。一个人如果自我效能高，他采纳建议、采取健康行为的可能性就大，就容易相信自己有能力控制内外因素，执行一种导致期望结果的健康行为。

4. 人口学、社会心理学因素

年龄、性别、种族等人口学因素，个性、社会地位、社会压力等社会心理学因素，以及大学生所具有的关于疾病的知识和以往的经验，都会对他们是否采纳健康行为产生影响。

5. 提示因素

提示因素是指诱发健康行为的因素。社会对疾病的大规模宣传活动、他人的劝告、医生的提示和建议、朋友或家庭成员的支持以及报纸杂志和网络上的文章等，都有可能诱发个体采取健康行为。提示因素越多，大学生采取健康行为的可能性就越大。

健康信念模式在产生促进大学生健康行为的实践中，一般遵循以下步骤。

1. 充分让大学生对他们目前的行为方式感到害怕。

2. 让大学生坚信，改变不良行为会得到非常有价值的健康效益，同时让他们清醒地认识到行为改变过程中可能出现的困难。

3. 使大学生感到有信心、有能力通过努力改变不良行为。

三、行为分阶段改变理论模式

行为分阶段改变理论模式(the trans theoretical model and stages of change，TTM)是由普罗查斯卡在20世纪80年代初提出的，在国际上应用广泛。该理论最突出的特点是强调根据个人或群体的需求来确定行为干预的策略，根据不同阶段的行为特点采用的转化策略也不尽相同。

行为改变必须经历一个漫长而复杂的过程，每个做出行为转变的人都有不同的需求和动机。而在干预中，行为转变成功的人只占少数，大多数是失败或半途而废的，尤其是成瘾性行为，如吸烟、酗酒和药物滥用等，原因就是没有认识到人们所处的行为转变阶段是不同的。美国心理学家普罗查斯卡和迪克莱门特通过大量的研究，提出了行为改变阶段理论，把行为转变分为6个阶段。

1. 意图前阶段

在这一阶段，人们没有改变行为的意向，通常是指在未来6个月内对行为转变没有思想准备。因为他们不知道或没有意识到自己的行为结果存在危害性，对于行为转变没有兴趣。这一阶段的应对策略有：提高认识、推荐有关读物、提供建议、消除负面情绪等，在对象认为有需要时再提供具体的帮助。

2. 意图阶段

处于这一阶段的人们开始意识到问题的严重性，考虑在未来6个月内转变行为，但仍犹豫不决。这一阶段的应对策略有：进行自我再评价、帮助拟订行为转变计划、提供专题文章或参加专题报告会、提供转变行为的技能指导。

3. 准备阶段

处于这一阶段的人们开始做出行为转变的承诺（承诺还应包括建立必胜的信念）并有所行动，如向朋友或家属宣布行为转变的决定、向他人咨询有关转变某行为的事宜、购买自我帮助的书籍、制订行为转变时间表等。这一阶段的应对策略有：提供规范的行为转变指南，确定切实可行的目标；采取逐步转变行为的步骤；寻求社会支持，包括家属、朋友和同事等的支持，确定倾向因素、促成因素；克服可能出现的困难；等等。

4. 行动阶段

处于这一阶段的人们已经开始采取行动。此阶段需要注意的问题是，多数人由于没有计划、没有具体目标、没有他人帮助，往往容易导致行动的失败。这一阶段的应对策略有：争取社会支持、环境支持和替代方法等。

5. 维持阶段

处于这一阶段的人们已经取得行为转变的成果并加以巩固。此阶段需得到本人的长期承诺，并对其进行密切监测，以防止其行为出现反复。出现反复的原因往往是过分自信、经不起诱惑、精神或情绪困扰等。这一阶段的应对策略有：创造支持性环境、建立互助组等。

6. 收尾阶段

在这一阶段，之前所有诱因都不会引起行为的反复了。行为的干预只有先确定人们所处的阶段，使用相应的干预措施，才能收到事半功倍的效果。

行为改变理论在健康教育的计划、实施和评价各阶段都起着重要的作用。健康教育的行为理论能帮助我们解释大学生行为改变的动力和过程，以及外部影响对行为的作用效果，帮助我们认识健康教育最合适的目标、实现改变的方法和评价的结果。由于没有哪个理论模型能完全适用于人类具有广泛性和多样性特征的健康问题与行为问题，所以根据研究对象不同、行为类型不同，需要应用不同的行为理论框架。在实际的健康教育活动中，往往需要运用多个行为改变理论模型。

第四节　大学生健康教育的教育学基础

健康教育是以卫生科学为内容和以健康为目标的教育。从传播卫生信息到使对方接受并自觉行动起来，是一个教育过程。因此，教育学原理、教育原则和方法都对健康教育具有重要的指导意义。

一、“三因素论”与健康教育

探讨影响人发展的诸因素，对健康教育及其教学活动有着直接的指导作用。

改革开放之初，我国沿用了20世纪50年代从苏联教育家凯洛夫的《教育学》中引进的“三因素论”，该理论认为人的发展是遗传、环境和教育三因素共同作用的。在三因素中，遗传素质是人的发展的物质前提，环境和教育对人的发展起决定作用，其中教育起主导作用。三因素的作用呈阶梯状：第一阶梯是遗传，第二阶梯是环境，最后是教育。后一阶梯的作用必须以前一阶梯的作用为先决条件。如果前一阶梯的作用有缺陷，就会给后一阶梯作用的发挥造成程度不同的障碍。尽管三因素论因存在各种缺陷而遭到研究者的质疑和批评，但它所强调的教育对人发展的主导作用，为健康教育在提高大学生健康素养、培养健康行为和技能奠定了基础。

叶澜教授进一步发展了“三因素论”，提出了“二层次三因素论”，认为人的发展是不断从潜在的发展可能向现实发展转化的过程。根据各种因素对人的发展所产生影响的性质的不同，可以把影响人发展的因素分为两个层次：第一个层次是为人的发展提供可能的因素，称为可能性因素或条件性因素，包括发展主体自身为发展提供的条件和外部环境为发展提供的条件；第二个层次是使人的发展可能转变为现实的因素，可称为现实性因素，具体地说是指发展主体从事的各种性质和各种水平的活动和外部条件（图2-1）。根据这一思路，通过高校健康教育，大学生潜在的健康意识和健康需要都可以成为现实。

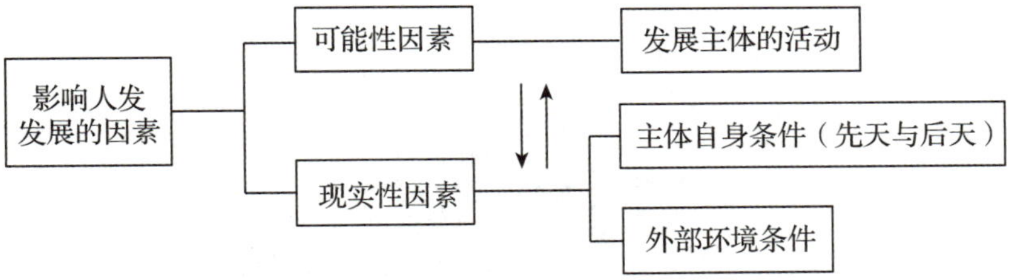

图2-1　人的发展的影响因素

二、大学生健康教育课程

健康教育课程是开展大学生健康教育的主阵地，健康教育课程的体系是为适应21世纪社会对人才素质的总体要求以及医学模式的转变，围绕“切实保障学生的身心健康”的目标构筑的。课程设置需在基础的健康知识上进行延伸，建立系列知识群，以帮助学生形成完善的身心素质。要在不大幅度增加学时的前提下，通过调整课程结构、改变教学方法和课程形式，达到预定目标的目的。课程体系要有利于学生知识的获得、素质的提高、能力的增强。

表 2-1　大学生健康教育课程体系模式

知识群	课程模块	子课程
医学知识群	健康与健康教育	健康新理念新标准、影响健康的因素、健康教育与健康促进
	性与大学生健康	性生理、性心理、性病的分类及防治、避孕
	绿色生活方式与健康	科学用脑、用眼卫生、口腔卫生、起居卫生
	饮食与健康	饮食与营养、饮食与卫生
	常见传染病与常见病的防治	流感与上呼吸道感染、结核、传染性非典型肺炎、肝炎与胃炎、痢疾与食物中毒、艾滋病
	药物与健康	常见病的药物应用、处方药与非处方药、常见传染病疫苗药物的使用
	急症的自救与互救	人工呼吸、心肺复苏、临时止血、临时固定、触电急救、溺水急救
社会学知识群		人际关系与健康 环境与健康
生命科学知识群		生命科学与健康 生命科学的演化与发展
伦理行为学知识群		行为与健康 道德伦理与健康 现代信息与健康
心理学知识群		大学生心理与健康 常见心理疾病与调整 神经衰弱与精神疾病

第五节　大学生健康教育的医学基础

将相关医学知识通俗化并向公众宣教，是健康教育的一项重要内容。健康教育能够使大学生了解常见疾病及自我保健知识。针对大学生中常见疾病(如上呼吸道疾病)的特点及预防对策开展教育，可使大学生增强防病意识，掌握常见疾病的预防原则和常规措施。

一、医学视角下的健康教育内涵

良好的健康教育可以引导人们在认识疾病与健康的基础上，形成积极寻找、发现、分析和解决健康问题的社会氛围，并在健康防护补偿机制的保护下进行积极的健康促进活动。医学视角下的健康教育的内涵有三个方面。

1. 基于医学应当的健康教育

基于医学应当的目的合理性与手段合理性统一、医学目的性与客观真理性统一的内涵实施健康教育，能让人们通过对常见病、多发病等的治疗和康复体验，获得基本的健康常识和健康防护观念，培养积极就医的健康行为，以延缓常见病、多发病的发生与发展。这是基本内涵，是第一层次的内涵。

2. 基于医学目的的健康教育

基于医学目的进行更深刻的健康教育，能使人们的健康观念从追求防治和祛除病痛，上升到改善人们生存的物质和精神条件的高度，从防治疾病层级上升到控制机体亚健康状态的高度。这是第二层次的内涵，是更高层次的内涵。

3. 基于生态环境的健康教育

基于生态环境的理念，以健康为中心，使人们熟知保健、健康知识和技能，积极寻找、发现、分析和解决健康问题，养成良好的生活方式，杜绝健康问题干扰人们的生活环境与工作环境，杜绝亚健康状态。这是第三层次的内涵，是最高层次的内涵，也是健康教育追求的终极目标。

总之，健康教育是基于医学应当和医学目的，以健康为中心的全民性教育和行为干预活动，旨在传播保健知识和技能，影响人们对健康的认识态度和价值观念，鼓励人们树立现代健康意识，提高自我保健能力，养成文明健康的生活方式，消除健康危险因素，积极预防、治疗疾病，促进健康。

二、健康教育与医学

健康教育是现代医学事业的重要组成部分，是健康维护与健康促进的重要手段。作为联系健康知识与健康实践的桥梁，它通过传播和教育的方法，向全社会传播健康信息、普及卫生保健知识和推广适宜的保健技能，引导个人、群体以至全社会形成有益身心的行为和生活方式，从而达到现代医学所追求的维护与促进健康的目的。

基于此，现代健康观对健康教育提出以下要求。

1. 体现整体医学观

健康教育应适应现代医学模式的转变，从人的生物学属性和社会属性出发，重视健康与疾病的生物学因素和心理、社会因素。从人体内部的生理与心理的平衡、外部的自然生态平衡和社会生态平衡，以及其相互作用形成的自然生理、社会生理、自然心理、社会心理、自然社会、生理心理六对平衡运动的相互协调等方面，探索和反映健康与疾病的规律，传播系统、整体的卫生知识和保健技能。

2. 适应疾病谱的变化

如今，心脑血管疾病、肿瘤、慢性呼吸道疾病和意外伤害等，已成为人类健康的主要杀手。而这些疾病主要是不良的生活方式和行为与环境因素引起的，对付这些疾病的新武器是社会医学、行为医学、环境医学等。健康教育从内容到方法都应适应这种新变化。

3. 体现多因多果观点

无论是疾病还是健康，都与多个因素有关。一个因素的变化可通过不同的平衡运动导致多个不同的结果，一个结果也可由多个不同因素从不同平衡途径引起。因此，疾病不仅是生物学现象，也是社会现象，例如，艾滋病不仅是艾滋病病毒作用于人体的结果，而更重要的是性滥交、吸毒、滥用血液或血制品等社会和行为因素所导致的。

4. 要重视社会心理因素

社会心理因素的致病作用是多种多样的。一是直接致病因素或影响生物因素致病，二是社会心理因素致病，三是社会因素决定生物因素的致病性，四是社会行为和生活方式致病。

5. 要有高危险性分析的观点

现代医学中所讲的高危险性包括高危险性环境、高危险性人群、高危险性反应等。现代健康教育应针对改变高危险性环境，保护高危险性人群(如儿童、孕妇、老人、残疾人、丧偶者等)以及减少高危险反应，使保健措施取得更好的效果。

第六节　大学生健康教育的生物学基础

我国大学生一般都处在18～23岁这个年龄段，正值人体生长发育的后期。它标志着人体内各系统器官组织的发育已达到一个旺盛的阶段，生理上也趋向成熟。青年期是每个人成长的必经之路，是身体定型的关键时期，这一时期的生长发育对人一生的健康和生命质量都将产生重要的影响。

一、人体生长发育的一般规律

(一)生长发育过程的年龄分期

生长发育是一个连续过程，这一过程又可分为不同的发育阶段，各个阶段都有其一定的特点，根据这些特点，通常把个体生长发育过程分为以下几个年龄时期：婴儿期(从出生到1周岁)、幼儿期(1～3岁)、学龄前期(4～5岁)、学龄儿童期(6～12岁)、少年期(13～17岁)、青年期(18～25岁)、成年期(26～60岁)、老年期(60岁以上)。

显然，大学生正处于青年期。当然，生长发育过程的年龄分期虽然反映了个体生长发育的阶段性，但各个年龄时期之间并没有明显的界线，生长发育过程实际上是连续性与阶段性的统一。

(二)生长发育过程的不均衡性

人体在生长发育过程中，身体形态、机能和运动素质在发展速度上是不均衡的，是一个既有阶段性变化，也有连续性递增的相互作用的过程。在了解这些变化的同时，要科学地进行体育锻炼，不断增强体质，提高机体的生命力。实践证明，在人的一生中有两个阶段是人体生长发育的高峰期，以身高体重为例，第一阶段为由胎儿开始到青春发育期，第二阶段为 11～20 岁。每个阶段都有突增期，第一阶段的突增期在胚胎至婴儿期，11 岁左右进入第二阶段．根据生长发育速度的快慢可分为前后两期，前期称为青春发育突增期，青春发育后期为 15～20 岁，生长速度逐渐缓慢，增长量减少。由此可见，人体生长发育过程不均衡，而生长发育的快慢与好坏，直接影响着大学生体格、体型、生理机能、内分泌以及心理智能方面的发展。

（三）身体各器官发展的不均衡性

人体各器官系统的生长发育并不是同时开始同时结束的，一般在 18～20 岁达到成熟。

研究表明，神经系统的发育最早，新生儿的脑重是成人脑重的 25%，6 岁时已达成人的 90%，12 岁时已接近成人的脑重。淋巴系统次之，在出生后的 10 年中，淋巴系统的发育特别迅速，12 岁时淋巴系统可达成人的 200%。10～20 岁时，随着机体各系统的成熟和抵抗力的增强，淋巴系统逐渐退至正常水平。生殖系统开始发育的时间最晚，在 10 岁以前几乎没有什么发展，青春期开始才迅速发育、渐趋成熟。人体各器官系统发育的这种不平衡性，又都是在神经和体液的调节下，互相联系、互相影响的统一过程。

应当指出的是，人体生长发育过程往往受先天遗传因素和后天环境因素的影响。先天遗传因素决定着机体生长发育的可能性，而后天环境因素则影响着发育的进程以及生长发育所能达到的程度。后天环境因素主要有营养因素、体育锻炼与劳动因素、社会因素及气候、季节、疾病因素等。

二、大学生身体外形的特点

（一）身高

身高是身体发育指标之一，是评定学生身体发育的基本标准。机体进入青春期后 2～3 年内，人体身高以较快的速度增长。身高的生长，女性约在 23 岁停止，男性在 25～26 岁停止。身高取决于骨骼的生长，特别是下肢骨及脊柱。身高与遗传因素密切相关，也与维生素 D，血清钙、磷浓度，甲状旁腺及肾脏等有关。另外，人在长高的过程中，并非平均生长。

（二）体重

由于体重能够在一定程度上反映肌肉、脂肪、内脏器官及骨骼等生长发育的综合状况，故体重也是评定学生身体发育的基本标准。体重受性激素的调节，也受营养、运动、遗传、疾病及环境等因素的影响。体重高低是发育好坏的综合评定标准之一，处于青年期的大学生应重视营养的摄取，注意体育锻炼，不应为防止脂肪生长而节食，以免影响身体重要脏器的生长发育。

(三)第二性征

大学生第二性征的发育更趋成熟，体型的性别差异日趋明显。随着性器官的发育成熟，由于睾丸和卵巢所分泌的激素不同而表现出男女各自的第二性征变化。正是这些激素的作用，使得从体型上看，男性一般比女性高些、重些，喉结突出，他们往往嗓音较粗、低沉，肩部较宽，肌肉发达。女性则颈部、肩部圆润平滑，声音尖细，乳房隆起，皮下脂肪丰满，臀部和骨盆增宽。从解剖结构上看，女性全身骨骼的总重量比男性轻 20%；男女肌肉总量之比是 5：3，女性的肌肉所含水分和脂肪较多，肌肉纤维含糖量较少，因而收缩能力弱，容易出现疲劳，而男性一般比女性体力强。可见，在大学期间，随着大学生第二性征的发育更趋成熟，男女体型差异表现得越来越明显。

三、大学生器官及系统的特点

人体是结构和功能非常严密的统一体。人体最基本的结构和功能单位是细胞。许多形态和功能相似的细胞和细胞间质，按特定方式组成具有一定机能的结构，构成组织。几种不同的组织相结合，构成具有一定形态和机能的结构，称为器官。若干个器官联合在一起完成一个共同的生理机能，组成系统。

大学生不但身体外型发生了显著的变化，而且各个器官、系统也有相应的变化，生理功能已逐步稳定和完善。

(一)神经系统

神经系统是机体主要功能调节系统。全面调节机体的各种生理活动，使机体适应内外环境的变化。因此，神经系统正常的功能活动是维持人体生命活动所必需的。大脑则是形成语言、完成学习、记忆、进行思维、产生情感等高级活动的结构基础。脑是人体的总指挥部，其结构和功能极其复杂。

脑的生长速度从小一路领先，大学生的大脑及神经系统已基本发育成熟，男性在 20～25 岁、女性在 20 岁左右最重，约 1.5 千克。在脑电波方面，已全部完成了由半原始的 β 波向 α 波的转化，表示大脑已完全成熟；大脑皮层的沟回组织已完善和分明；脑皮质神经纤维的髓鞘化、增长与分支已接近完成。因此，大学生正处于脑细胞建立联系的上升期，具体表现为皮层细胞活动增加，兴奋和抑制过程有较好的平衡，联络神经纤维活动，特别是第二信号系统增强，大脑皮层的发育呈现“飞跃”的状态，为思维的发展提供了良好的物质基础。

但是，值得注意的是，由于活跃的内分泌系统的影响，大学生神经系统的功能活动虽发展迅速，但不够稳定，表现为容易疲劳，情绪也容易激动，表现意识和思维能力相对薄弱。因此，必须注意不要使大学生学习负担过重，每天学习时间，包括自习，建议不超过 10 小时。但也应注意到，这时期可塑性最强，故适当启发、诱导、培养大学生多方面的兴趣，对其大脑的发育将有促进作用，可将其脑、神经功能的发展推向更高的阶段，为大学生今后的发展奠定良好的基础。

(二)循环系统

心脏的生长发育一直是缓慢的，伴随着人生两次生长高峰，人体的心血管系统也出现两次发育高峰。第一次是出生后两周内，心脏迅速发育，重量可增加到出生时的 3 倍，以后发育速度较慢；第二次是到青春期，心脏再次猛长，重量可达出生时的 10 倍，青春后期增长到 12～14 倍。青春期内增长速度逐渐加快，左心室的室壁厚度也在青春期增加到出生时的 2.5 倍。心肌纤维增厚，更富有弹性，心脏收缩更有力，为每次收缩时泵出更多的血。同时，心率也随年龄增长而逐渐减慢，一般 16 岁左右达到成人心率 75 次/分左右，女性略快于男性。正常成人心脏每跳动一次，可泵出 60～70 毫升的血。大学生心容量、心率、输出量等指标已接近成人水平。血压的变化与心率相反，是随年龄增长而逐渐上升的，18 岁之后，血压基本接近成人水平。

大学生的血压和脉率有一定地域差别，南方大学生的血压略低于北方大学生，而脉率却高于北方大学生。

(三)呼吸系统

幼儿时期呼吸器官发育还不完善，故年龄越小，呼吸频率越快。青春后期呼吸系统功能增强，达到成人水平。

在一般情况下，男大学生肺活量可达 3500～4000 毫升，强壮者可增到 4800 毫升；女大学生肺活量一般比男大学生低，平均为 2500～3000 毫升。并且，在安静状态下，女大学生呼吸频率比男大学生快 1～2 次/分，且多为胸式呼吸，呼吸较浅。这主要是由于女大学生呼吸肌的发达程度不及男大学生，且胸廓运动幅度较小。肺活量也有地域性差别，北方男女大学生的肺活量略大于南方男女大学生。

(四)运动系统

运动系统包括骨骼、关节和肌肉。运动系统所表现出来的能力称为身体素质(力量、速度、耐力、灵敏度和柔韧度等)。一般认为，身体素质发展最快的年龄是 12～17 岁。到 19 岁以后，无论是男性还是女性，各项身体素质的增长均开始减慢，并有自然下降的趋势。虽然大学生的身高已不再明显变化，但由于性腺活动旺盛、性激素分泌增加，加之学校实施的全面身体锻炼，其骨骼会更加粗壮，骨密质增厚，骨骼的抗压、抗扭曲力增强。同时肌肉中收缩蛋白的合成加快，肌肉体积和力量均增大，男大学生更为显著。因此，在大学时期，学生仍应加强全面锻炼，以促进运动系统功能的进一步提高和完善。

思考题

1. 中国传统文化中关于健康的基本观点有哪些？
2. 心理学中提出的成熟的心理模式有哪些？
3. 简要说明医学与健康教育的关系。
4. 人的发展的“三因素论”对健康教育有哪些启示？
5. 举例说明知信行模式对大学生健康行为的改变过程。

第三章　健康生活方式与健康教育

本章导读▶

健康的生活方式是大学生成长成才的关键。大学阶段是个体行为习惯发展、定型的关键期，因此开展大学生健康教育，增强大学生健康行为意识尤为重要。对健康生活方式的概念及评价标准的把握和对不良生活习惯的种类及危害的解析，有利于引导现代大学生树立健康行为意识，在一定程度上能够有效帮助其预防疾病、维持或增进个体自身的健康状况。科学、规范地进行健康管理能够帮助个体建立健康有序的生活方式，这是增强大学生健康素质最积极、最有效的方法，同时也是增进大学生健康的一种积极手段。本章主要介绍了健康生活方式的概念及其评价标准，阐述了生活方式对大学生的影响，通过典型案例分析了不良生活习惯带来的危害，并重点介绍了良好生活习惯的养成方法及其对大学生的积极意义，以期为帮助大学生养成健康的生活方式提供科学指引。

第一节 大学生健康生活方式概述

一、大学生健康生活方式

（一）健康生活方式的概念

2017 年，党的十九大报告提出“坚持预防为主，深入开展爱国卫生运动，倡导健康文明生活方式，预防控制重大疾病”。所谓健康生活方式实质上是一种复杂、多维的健康行为模式，具体是指在一定的社会条件和价值观念引导下，个体自主地或有意识地从事一切有益于身心健康的积极的行为方式。

健康生活方式表现为外显健康行为和内隐健康行为两个方面。外显健康行为是可直接观察到的促进健康的行为，如作息规律、膳食平衡、参与体育锻炼等；内隐健康行为则是通过间接方式感知到的促进健康的行为，如社会适应力强、人际关系和谐、压力管理合理化等。世界卫生组织在《维多利亚宣言》中提出的健康的四大基石——合理膳食、适量运动、戒烟限酒、心理平衡，就包括了外显健康行为和内隐健康行为。此外，健康生活方式具有自主选择性、自发性、长期性、稳定性等特征，在一定程度上能够有效预防疾病、维持乃至于增进个体自身的健康状况。

（二）大学生健康生活方式的评价标准

国内外学者结合健康生活方式的三个方面表现，即生理健康行为、心理健康行为和社会健康行为，将大学生健康生活方式的评价标准划分为以下几个方面。

1. 饮食规律

饮食规律主要表现在用餐时间规律和三餐营养均衡。早餐时间通常是 7 点到 9 点，宜安排温和养胃且蛋白质及维生素含量较高的食物，如小米粥、牛奶、鸡蛋、新鲜水果等；午餐时间为 11 点到 13 点，午餐应丰盛，宜安排能够提供充足热量和人体所需的各类营养素的食物，如各类肉制品、蔬菜、水果等；晚餐时间为 17 点到 19 点，应注意饮食清淡，少吃为好。

2. 睡眠充足

康德认为，希望、睡眠和微笑有助于缓解生命的辛劳。睡眠是人体的一个主动的过程，在维持机体的健康状态中起着重要作用。大学生保持充足的睡眠，不仅可以使大脑得到充分的休息，提高学习效率，还能提升自身免疫力，减少疾病的发生。晚上 11 点至凌晨 2 点是人体最佳睡眠时间段，因此个体应在 11 点之前进入睡眠状态。对于大学生来讲，每天应保证 7～9 小时的睡眠时间。

3. 积极参与体育锻炼

体育锻炼是指人们根据自我需要，综合运用各种体育手段，并结合自然力（日光、空气、水)和卫生措施，以发展身体、增进健康、增强体质、丰富文化生活为目的身体活动过程。生命在于运动，积极参与体育锻炼是大学生增强体质、促进健康的有效途径。通常情况下，大学生应每周进行3～5次锻炼，每次锻炼应持续40～60分钟。

4. 远离成瘾药物，不吸烟、不酗酒

吸烟、酗酒以及成瘾药物的滥用已成为全球性的重大公共卫生问题，也是影响当代大学生健康的主要危险行为。烟草、酒精及各类成瘾药物中都含有易上瘾、难戒除的有害成分，长期使用会危害个体身心健康。

5. 精神面貌健康向上

健康向上的精神面貌是大学生身心协调发展的基础，也是社会进步的重要推动力，它具有独立性、团结性、创造性、批判性等特点。良好的生活态度、积极乐观的心态、合理化的情绪管理是大学生健康向上的精神面貌的深刻反映。

6. 社会适应能力良好

社会适应指个体在社会化的过程中，能够不断地根据环境的变化调整自己的行为，以保持身心状况和社会环境的协调一致。社会适应能力是个体社会接纳能力的表现，反映了个体在社会生活中的综合素质。良好的社会适应能力不仅有利于个体维持良好的人际关系，还能帮助其冷静从容地应对各种挫折、困境。

(三)健康生活方式对当代大学生的影响

1. 健康的生活方式是大学生成长成才的关键

(1)健康的生活方式有利于大学生综合健康状况的改善。综合健康状况是对人的健康状态与水平的综合反映，主要体现在体质健康、心理健康和社会健康等维度上。

体质健康状况的改善是大学生健康生活方式所产生的必然结果之一，其既表现为大学生速度、力量、耐力等身体素质的提高，也表现在大学生肺活量、心率、血压、脉搏输出量等身体机能指标的相对改善上。

健康的生活方式有利于大学生心理健康水平的提高，主要表现在个体自我控制力及自尊、自爱意识明显增强，自信乐观，有强烈的集体荣誉感和归属感等方面。

大学生社会健康状况的改善主要表现为个体社会适应能力提高；能够合理处理各种复杂的人际关系与利益纠纷；面对压力与挫折，能够适时调整心态，并妥善处理。

(2)健康的生活方式有助于提升大学生的健康素质。健康素质是人的综合素质的核心，大学生健康素质的提升有利于增强大学生的健康意识，引导个体养成良好的生活习惯，并且终身受益。

2. 不良生活方式阻碍大学生身心健康发展

不良生活方式指人们长期受一定经济、社会文化、风俗、家庭影响而形成的一系列对健康有危害的生活意识和行为习惯。不良生活方式对大学生健康的影响主要

表现在以下几个方面。

(1)导致生活方式病的出现。生活方式病是慢性、非传染性疾病，多为人们采取与现代文明不相协调的错误生活方式所致。大学生常见的生活方式病有以下几种。

①慢性胃炎。在校大学生是慢性胃炎的好发人群，饮食不规律或盲目追求苗条身材而出现的节食行为是大学生患慢性胃炎的主要原因。

②过度肥胖。主要由暴饮暴食、膳食不平衡导致营养过剩，缺乏体育锻炼所引起。

③颈椎病。随着互联网的普及，我国颈椎病年轻化趋势日益明显。一些大学生迷恋上网或长时间伏案学习，往往容易使颈椎劳损过度，颈椎健康因此受到严重威胁。

(2)导致身体呈现亚健康状态。亚健康状态是介于健康与疾病之间的一种状态，主要由不良生活方式导致，容易引发大学生免疫能力降低、身体素质下降、机体某些功能发生改变等。

(3)导致不良生活关系，甚至不良社会关系。这不仅会造成个体心理失衡，阻碍其身心健康发展，还会给家庭和社会带来潜在隐患，不利于社会主义和谐社会的建设。

二、健康相关行为

行为是不同的个体或群体受社会文化制度、物质经济条件、个人价值观念等的影响，在日常具体生活中所表现出来的生活态度及生活方式。在现实生活中，人们的行为表现千差万别。那么什么是健康相关行为呢?

(一)健康相关行为的概念

健康相关行为指人类个体和群体与健康和疾病有关的行为。我国心理学者在对大学生健康相关行为进行调查时发现，大部分学生行为习惯较为健康，但仍有部分学生存在不健康的相关行为，如熬夜、节食、酗酒、体育锻炼意愿强而行动少、手机成瘾等。

(二)健康相关行为的分类

根据行为对行为者自身和他人健康状况的影响，健康相关行为可分为促进健康行为和危害健康行为。本书重点关注的是促进健康行为。促进健康行为指个体或群体表现出的客观上有益于自身和他人健康的一组行为，这些行为是朝向健康的或被健康结果所强化了的。促进健康行为可以概括为五大类。

1. 基本健康行为。指日常生活中有益于健康的基本行为，如饭后漱口、合理膳食、积极锻炼等。

2. 戒除不良嗜好。指戒除对健康有危害的个人偏好，如戒除吸烟、酗酒、网络成瘾、滥用成瘾性药物等。

3. 预警行为。指对可能发生危害健康的事件预先给予警示，从而预防事故发生，并能在事故发生后采取恰当方式处理的行为。例如，乘车系安全带，地震、火灾、洪水等意外事故发生后的自救和他救行为。

4. 避开环境危害。指人们以积极或消极的方式避开在自然或心理社会环境中遇到的各种对健康有害的因素，如采取措施减轻环境污染、积极应对各种紧张的生活事件等。

5. 合理利用卫生服务。指有效、合理地利用现有卫生保健服务，以实现三级预防，维护自身健康的行为，包括定期体检、预防接种、及时就医、谨遵医嘱等。

(三)健康相关行为改变的理论基础

目前国内外在健康相关行为的研究中运用较多的理论包括知信行理论、健康信念模式和计划行为理论。①

1. 知信行理论

认知理论运用于健康相关行为研究后，发展成为知信行理论。知指的是知识和信息，是行为改变的基础；信指的是信念和态度，是行为改变的动力；行指的是主动形成的促进健康的行为，是行为改变的目标。该理论认为，人们只有掌握科学的健康知识，建立起积极的信念与态度，全面了解知、信、行转变的复杂过程，才能主动形成促进健康的行为。

2. 健康信念模式

20 世纪 50 年代，霍克鲍姆等人提出了健康信念模式并运用社会心理学的原理来解释健康相关行为。该理论强调信念在人们行为决策中的重要性，认为信念是个体采取促进健康行为的基础和动因，并且强调个体的主观心理过程(期望、思维、推理、信念)对行为的主导作用。

健康信念模式对健康相关行为的改变主要遵循三个步骤。第一，充分让个体认识到不良行为方式所带来的疾病隐患及其严重性，这是促使人们产生行为改变的直接原因。第二，让个体意识到健康行为方式对维护和改善自身健康状况的益处，同时帮助其清醒地认识到行为改变过程中可能会出现的困难，以做好充分的思想准备。第三，提高个体自我效能感，即让个体坚信自己有能力控制自身与外在因素，从而成功促进行为的转变。

3. 计划行为理论

计划行为理论是社会心理学领域中关于人类行为最具影响力的理论之一。该理论认为健康相关行为改变的具体过程是：信念(包括行为信念、准则信念和控制信念)经过内部整合后分别形成行为态度、主观准则和感知行为控制，然后这三个因素共同作用于行为意向，促使行为发生。

---

① 常春：《健康教育中的行为理论》，载《中国健康教育》，2005(10)。

三、大学生的健康素养及健康管理

(一)健康素养是高质量生活的前提

1. 健康素养的概念

健康素养是个体健康素质水平的重要影响因素和评价指标，主要包括健康知识和相关技能两个方面的内容。健康知识主要指重要的医学观念以及与健康和保持良好的身心状态等方面相关的知识，相关技能则是指个体所具有的与沟通、理性思考和探究问题等方面相关的思辨技能。

1998年，世界卫生组织把健康素养看作新世纪健康教育和健康促进最具潜力的新思路和新策略，将其定义为个体获取、理解和处理基本健康信息和服务，并运用这些信息和服务做出正确的卫生健康决策，以维护和促进自身健康的能力。2008年，我国发布了《中国公民健康素养——基本知识与技能(试行)》，同年组织编印了《健康66条——中国公民健康素养读本》，这是我国健康教育领域发布的第一个政府公告，在推动我国健康教育与健康促进事业的发展中起到了至关重要的作用。

2. 如何培养大学生的健康素养

(1)国家要结合具体情况，制定明确的学校健康政策

国家要为学校提供政策支持，把提升学生健康素养作为大学生素质教育的明确目标，并纳入国家以及学校各项管理制度之中，为提升学生健康素养制定相应的方针策略。

(2)学校要深化健康教育，提高健康教育质量

学校的健康教育是大学生健康素养形成的基础和重要途径，加强学校健康教育也是提高大学生健康素养的核心手段。学校可以通过开设健康教育课程、设立健康咨询门诊、开展健康技能训练、举办知识竞赛和演讲比赛等方式培养大学生的健康素养。

(3)加强家庭健康教育，养成健康的生活方式和行为习惯

家庭是培养大学生健康素养的第一课堂，良好的家庭健康教育能有效提高大学生的健康素养水平。要想充分发挥家庭的教育功能，父母首先要提高自身的健康观念和意识，将健康行为渗透到日常的生活方式中，通过这种言传身教的形式培养大学生的健康意识和健康素养。

(二)健康管理是高质量生活的保障

1. 健康管理的概念

2003年12月25日，原国家卫生部、劳动和社会保障部和中国保险监督委员会联合举办“健康管理与健康保险高层论坛”，论坛首次发出“健康管理”新理念倡议，自此健康管理受到了社会各界的广泛重视。健康管理指的是对个体或群体的健康进行全面监测、分析、评估，提供健康咨询和指导以及对健康危险因素进行干预的全过程，它包括收集服务对象个人健康信息、对服务对象进行健康评价，以及在健康

评估的基础上通过提供有针对性的科学健康信息来帮助个人纠正行为。[①] 健康管理的宗旨是充分调动个人及集体的积极性，促使人们建立新的健康的行为和生活方式，使有限的资源达到最大的效果。

健康管理在对个体或群体经过一段时间的干预后，会结合实际的情况做进一步的计划调整或方案改进，因此健康管理实质上是一个连续、长期、重复而又不断变化的过程。

2. 大学生健康管理的意义

(1)健康管理是大学生维护健康的有效方法

健康管理的目的在于帮助个体建立健康有序的生活方式。大学生参与健康管理，可以通过专业的分析和评估得到科学可信的个人健康评价报告，能够充分了解自身的健康状况。大学生根据个人健康评价报告并结合健康服务医生的指导来进行自我管理，有利于控制和减少影响健康的危险因素，降低个体罹患各种慢性疾病的风险。另外，通过对个体进行体质评估、营养摄取情况调查、心理状况分析等，制订健康促进计划，有利于全方位提高大学生综合素质，维护其健康。

(2)健康管理是大学生健康成长的必然选择

科学管理健康是当代大学生成长成才、实现人生理想的前提条件。健康管理有利于提高大学生的健康意识，有效调动大学生建立良好生活方式的积极性和主动性。当代大学生只有在个性化的专业服务协助下建立良好的生活方式、保持自身健康，才能在激烈竞争的现代社会中保持活力、勇往直前。

(3)健康管理是社会健康发展的前提保障

拥有健康的体魄及生活状态，是大学生为国家和社会持续做贡献的重要保证。大学生是祖国的未来、民族的希望，是推动国家繁荣兴旺的重要力量。大学生的健康状况不仅影响自身的生活、学习、工作，还会影响整个社会的健康发展。大学生积极参与健康管理，一方面有利于为社会的健康发展积蓄力量，减轻社会医疗卫生负担，节省医疗卫生资源；另一方面也为国家经济社会的可持续发展输送了源源不断的人才资源，加快社会主义现代化的实现。

第二节　大学生的不良生活习惯及其危害

一、吸烟及其危害

(一)大学生吸烟现状

青少年吸烟成瘾已成为我国重要的公共卫生问题。《2008 年中国控制吸烟报告》

---

① 黄建始：《什么是健康管理?》，载《中国健康教育》，2007(4)。

指出，我国青少年吸烟率、尝试吸烟率逐年上升，且开始呈现低龄化趋势。目前我国大学生吸烟现象较为普遍，吸烟率随着年龄的增长而升高。

(二)烟草及烟雾中的有害物质

烟草是威胁人类健康的最大危险因素之一。世界卫生组织已将烟草流行作为全球最严重的公共卫生问题并纳入重点控制领域。烟草及烟草燃烧产生的烟雾中含有多种对人体有害的成分，严重危害人们的身体健康，这些有害成分主要包括以下几种。

1. 尼古丁。烟草中的重要成分，具有成瘾性和神经毒性，可引起神经系统兴奋，造成心率加速、血压上升、躯体供血不足、神经麻痹等。

2. 烟焦油。含有大量致癌物质和促癌物质，能直接刺激气管、支气管黏膜，造成气管、支气管炎症；焦油吸入肺后，会使肺泡壁受损、失去弹性；此外，焦油附着在咽、喉、气管、支气管黏膜表面等，易诱发异常细胞的增生，形成癌症。

3. 放射性物质。烟草中含有各种放射性物质，会蓄积在吸烟者的肺、肝、肾、胰中，造成细胞变异或者器官坏死。其致癌作用潜伏期较长，不易被发觉。

4. 一氧化碳。烟草不完全燃烧产生一氧化碳，吸入人体后和红细胞内的血红蛋白结合形成碳氧血红蛋白，使红细胞失去与氧结合的能力，造成心肌缺氧，可能诱发心绞痛、心肌梗死和猝死。此外，一氧化碳还会抑制细胞呼吸，并且妨碍机体的氧气供应，加重心脏工作量。

(三)吸烟对人体健康的危害

吸烟有害健康，它已成为我国人民健康和公共安全的第一大隐形杀手。我国每年因吸烟而死亡的人数达 100 万以上。吸烟对个体健康的危害主要表现在以下几个方面。

1. 主动吸烟的危害

(1)吸烟是癌症发生的重要原因。烟草及烟雾中含有数十种致癌物质，其中包括一些具有器官特异性的致癌物和一些在体内促进致癌物形成的化合物。致癌物和致癌代谢物除了能够刺激局部组织外，还能经血液运送至全身，诱发各种癌症，如肺癌、肝癌、口腔癌、咽喉癌、食管癌等。除此之外，吸烟还能够促进癌细胞转移。

(2)吸烟会危害心血管系统。吸烟会使血小板黏附性增强，会损伤血管功能，造成管腔狭窄，管壁增厚，诱发或者加重动脉粥样硬化，引起多种心血管疾病。

(3)吸烟与呼吸系统疾病的发生有关。烟雾中的氰化物、丙烯醛、甲醛等有害物质能够抑制气管、支气管内表面黏膜纤毛的摆动，减弱其净化功能，使气管、支气管的管壁因反复受到炎症的刺激而不断增厚，最终导致小气道和肺泡的弹性纤维断裂，肺因此失去弹性，诱发气管炎、支气管炎、肺气肿等疾病。

(4)吸烟与脱发之间联系密切。烟草中的有害物质能够使毛囊内 DNA 受损，并且能够增加雌二醇的羟化作用，抑制芳香酶造成的相对低雌激素状态，从而引起脱发。

2. 被动吸烟的危害

被动吸烟指不吸烟者因接触吸烟者释放出的烟雾而不自主吸入。卫生部发布的《2007年中国控制吸烟报告》指出，我国有超过3亿的吸烟者，而受二手烟危害者高达5.4亿，尤其以儿童、青少年、职业女性为主。

吸烟时所散发的烟雾分为主流烟(吸烟者吸入肺内的烟雾)和侧流烟(烟草点燃冒出的烟雾)。与主流烟相比，侧流烟更具毒性，其中的毒性成分如一氧化碳、尼古丁、苯并芘以及亚硝胺的含量分别为主流烟含量的5倍、3倍、4倍和50倍。对孕妇来讲，被动吸烟可使母体内血氧浓度降低、血流减慢，胎盘血管形成减少，进而导致胎儿缺氧，造成婴儿早产、体重不足，严重者则会导致流产、死胎等。此外，二手烟是常见的危害儿童健康的污染物。与成人相比，儿童经历更多的环境暴露，加之自我保护能力差、免疫功能不健全，更易受到烟雾中有害成分的污染。被动吸烟可诱发儿童哮喘、气管炎、肺炎、中耳炎等疾病。由于烟雾中的尼古丁对大脑有损伤作用，被动吸烟也与青少年的智力发育密切相关。另外，被动吸烟还可能与青少年问题行为的出现有关。

二、酗酒及其危害

(一)酗酒的定义

目前我国有40%的大学生存在故意酗酒行为。酗酒是由遗传、心理、社会环境等多种因素的影响而形成的，呈进展性和致命性，其特点是对饮酒不能自控，思想专注于酒，且饮酒不关注后果，产生思维障碍。

(二)酒的有害成分

酒中含有大量对人体有害的成分，有的来源于原材料，有的产生于发酵过程中，主要有以下几种。

1. 乙醇。乙醇是酒的主要成分，为中枢神经系统抑制剂，能够严重破坏神经系统的正常功能。乙醇能够直接毒害机体的组织器官如肝脏等，能损伤肝细胞，干扰肝脏的正常代谢，进而导致酒精性肝炎及肝硬化。

2. 甲醇。甲醇对人体的毒害作用是由甲醇本身及其代谢产物甲醛和甲酸引起的，其经消化道吸收后，主要分布于脑脊液、血、胆汁及尿液中，能够引起中枢神经系统损伤、眼部损伤及代谢性酸中毒等。

3. 杂醇油。杂醇油是酒的芳香成分之一，其毒性随分子量的增大而加剧。此外，杂醇油在人体内氧化速度慢、停留时间长，有明显积蓄作用，因此其毒性和麻醉能力比乙醇强。

4. 醛类。在制酒的发酵过程中或酒精酸败时，部分的醇类氧化成醛类。醛类的毒性大于醇类，其中甲醛对人体的危害最大。甲醛已被世界卫生组织认定为一类致癌物。当体内甲醛含量超标时，则会引起急性中毒，出现咳嗽、胸痛、头晕、意识丧失、呕吐等症状，10 克甲醛即可致人死亡。

5. 氰化物。酒中的氰化物主要来源于其原料，如木薯、野生植物等，其特点是毒性大、作用快。氰化物进入人体后，水解为氰氢酸而被吸收，使细胞丧失传递电子的能力，细胞因呼吸链中断而窒息死亡。氰化物中毒时，轻者出现头痛、头晕、流涎、呕吐、腹泻、肢体不协调等症状；重者则出现呼吸困难、全身抽搐、昏迷、甲状腺功能低下等症状。

(三)过度饮酒的危害

过度饮酒对个体健康的影响主要表现在以下几个方面。

1. 中枢神经系统对乙醇最敏感，过度饮酒可使神经系统受损。乙醇是中枢神经系统的抑制剂，进入人体后通过对细胞膜作用抑制神经细胞活性，因此过度饮酒者可出现言语不清、视物模糊、片段性遗忘、运动觉丧失等症状，严重者可出现大脑皮层萎缩，造成大脑功能障碍，甚至损害生命中枢，导致呼吸或循环衰竭而死。

2. 乙醇具有易溶性，过度饮酒与消化系统相关疾病联系密切。酒对胃黏膜损伤很大，可引起胃黏膜上皮细胞损伤或破坏，导致黏膜水肿、糜烂或出血。另外，酒中的乙醇及它的衍生物乙醛不仅会使肝细胞反复发生脂肪变性、坏死和增生，诱发酒精性肝病(酒精性脂肪肝、酒精性肝炎、肝纤维化和肝硬化)，还会损伤胰腺细胞，引起胰腺炎。

3. 酗酒是诱发中风、酒精性心脏病等心血管疾病的主要原因之一。酒精对心肌细胞有直接毒性作用，可造成心肌细胞膜完整性受损、心肌收缩力降低、外周血管扩张力增强，由此导致血压下降和代偿性心率增快。长此以往，则会加重心脏负担，影响心肌功能。

此外，酗酒往往容易引发社会问题。酗酒可致个体情绪波动、行为冲动、失去自我控制，做出有悖于社会公德、违法乱纪的事情。近年来，由酗酒而引发的各种安全事故甚至违法犯罪现象严重扰乱社会秩序，给他人、家庭和社会带来伤害。

三、网络成瘾及其危害

(一)大学生网络使用现状

如今，互联网时代到来，网络已渗透到社会的方方面面。互联网在使得全球资源共享和信息交流变得更便捷的同时，其负面影响也日趋凸显。第 46 次《中国互联网络发展状况统计报告》显示，截至 2020 年 6 月，中国网民有 9.4 亿人。同时，网民对互联网的依赖性也逐步增强，人均周上网时长为 28 小时。调查显示，我国网民中大学生数量较多，10～39 岁群体占整体网民的 55.1％，其中 20～29 岁年龄段的网民占 19.9％。

(二)网络成瘾的概念及诊断标准

1. 网络成瘾综合征的概念

网络成瘾综合征(internet addition disorder，IAD)的概念于20世纪90年代由美国心理学家戈登伯格提出。网络成瘾综合征是一种现代新形式的心理障碍，具体表现为个体强迫性地过度使用网络，导致社会功能受损及网络行为失控，在心理与生理上呈现对网络的慢性、周期性的迷恋。网络成瘾具有上网时间长、沉迷网络、刻意隐瞒上网时间、试图减少上网时间时出现戒断反应等特征，大致可分为以下几类。

(1)网络色情成瘾。主要表现为不可抑制地使用成人或色情网站来获取色情资源，具有一定的自我强迫性。大学生正处于“性危险期”，往往易受网络色情的诱惑。

(2)网络社交成瘾。主要表现为沉迷于网络上的各种人际交往活动，并试图以之取代现实生活中的人际关系，对网络社交关系产生心理依恋与期待。

(3)网络强迫行为。主要指强迫性地参加网络商业活动，如网络购物、网络赌博、网络拍卖等。大学生主要常见的是网络购物成瘾，主要表现为购物不顾及自己的实际需要和消费能力。

(4)强迫信息收集成瘾。指强迫性地、漫无目的地在网上收集毫无意义的信息，下网后又会担心自己错过“重要”信息，因而出现焦躁、紧张、烦闷等消极情绪。

(5)网络游戏成瘾。主要表现为不可抑制地沉溺于网络电子游戏中，无节制地在网络游戏中花费大量的时间和精力，严重影响个人的正常工作、生活和学习。

2. 网络成瘾的诊断标准

根据《网络成瘾临床诊断标准》，非工作及学习目的而使用网络，符合如下症状则可判定为网络成瘾。

(1)对网络的使用有强烈的渴求和冲动感。

(2)减少或停止上网时会出现周身不适、烦躁、易激惹、注意力不集中、睡眠障碍等戒断反应，上述戒断反应可通过使用其他类似的电子媒介来缓解，如电视、手机等。

(3)下述五条内容至少符合一条。

① 为达到满足感而不断增加使用网络的时间和投入的程度。

② 使用网络的开始、结束及持续时间难以控制，经多次努力均未成功。

③ 固执地使用网络而不顾及其明显的危害性后果，即使知道网络使用的危害也仍难以停止。

④因使用网络而减少或放弃了其他的兴趣、娱乐或社交活动。

⑤将使用网络作为一种逃避问题或缓解不良情绪的途径。

(三)网络成瘾的原因

1. 网络空间的独特性是大学生网络成瘾的重要原因

网络信息传播的便捷性在符合当代大学生追求时效的同时，也拓宽了他们的眼界，满足了他们及时了解世界的需求，因此大学生容易对其产生依赖心理。网络的虚拟性、隐秘性和自由互动性使得在现实生活中受到各种束缚的大学生得到释放，给他们带来亲密感、无时空感和无压抑感等良好体验。

2. 不良的家庭关系是大学生网络成瘾的客观原因

父母由于工作繁忙，陪伴子女的时间被压缩，因此在无形之中产生了亲子隔阂。当大学生遇到困难，而家庭又无法为其提供充足的情感支持时，网络交往的开放性、平等性则会让大学生感受到来自陌生人的关爱，心灵得到慰藉，因而对网络社交产生心理依赖。

3. 个人人格特质是大学生网络成瘾的内在激发因素

网络成瘾现象是个人人格特质与网络功能相互作用的结果，人格特质引导个体行为，具有不同人格特质的网络使用者会受到不同的网络功能的吸引，从而产生不同的网络成瘾形态。一些与抑郁相关的人格特质，如孤独、低自尊、缺乏动机、敏感、自我管理约束能力差等，与大学生网络成瘾密切相关。

4. 社会环境是大学生网络成瘾的反向支撑

社会环境在人行为习惯的形成与发展过程中扮演着重要的角色。尽管我国已颁布了网络管理的相关法律法规，但仍有一些网吧为金钱所驱动，漠视国家规章制度，非法盈利，甚而推出一系列的“优惠活动”，诱惑大学生上网。

（四）网络成瘾的危害

网络已成为当代大学生学习和生活的重要组成部分。由于大学生心理发展尚未完全成熟，缺乏自我控制力，因此易沉溺于网络虚拟世界，严重影响个体身心健康发展。网络成瘾的危害主要表现在以下几个方面。

1. 学业荒废

虽然网络为大学生提供了丰富的学习资源，然而网络成瘾者上网所进行的活动大多与学习无关。大学生网络成瘾的主要特点是无节制性，他们在网络上耗费了大量的时间和精力，导致其对学习逐渐丧失兴趣，学习效率下降，出现了厌学心理，甚至旷课、逃学现象。调查显示，在中断学业的大学生中，近80%的人面临网络成瘾问题。

2. 心理失调

网络的虚拟性、匿名性、平等性给了网络成瘾者极大的安全感，他们逐渐把网络当成唯一的精神寄托，试图在网络社交关系中寻求心灵的慰藉。长此以往，容易造成记忆力下降、学习和生活兴趣减退、性格孤僻、情绪低落，进而导致心理失调，出现心理障碍、人格障碍等各种问题。

3. 社交关系紧张

网络成瘾大学生的社交模式会发生极大的转变，现实世界中人与人面对面式的直接交往模式完全被网络社会“人—机器—人”的间接交流模式所取代。网络成瘾者把大部分的时间和精力都放在网络社交关系中，忽略了现实的人际交往，长此以往，容易导致现实人际交往障碍的出现。

4. 身体健康面临威胁

网络成瘾对个体身体健康的危害尤为明显，成瘾者长时间坐在电脑前注视屏幕，极易引起视力下降、肩周肌肉劳损、腕关节综合征、腰椎间盘突出等疾病。此外，电子产品在使用过程中会产生不同程度的电磁辐射，有的电磁辐射也会在无形中对人体造成伤害。

【典型案例】

2006 年，王某以优异的成绩考入北京某所大学，初入大学的他充满抱负和希望。后来发现大学校园里优秀的同学很多，自己不再是佼佼者，且在人际交往中失去了高中时期的中心位置，感到受了冷落。在现实生活中受挫后，王某把精力放在了网络上，沉迷网络游戏和网络交友。渐渐地，王某对网络的使用产生了强烈的渴求和冲动，他越发内向、情绪低落，几乎不与同学交流，甚至出现逃课、彻夜不归等不良行为，学习成绩下降。经父母和班主任劝告，王某意识到了自己的问题，试图停止上网，但因出现周身不适、心烦意乱、易激惹、上课注意力不集中、睡眠障碍等症状而再次沉迷网络，错误地将其视为逃避问题和释放压力的有效途径。

四、饮食不规律及其危害

(一)大学生饮食不规律的表现

随着时代发展，大学生家庭经济条件不断提高，然而，大学生往往对合理膳食的重要性认识不足，加之远离父母，因此在饮食上多以自我偏好为主，养成了很多不良的饮食习惯。饮食不规律已成为导致大学生亚健康的主要因素之一。大学生饮食不规律主要表现在以下几个方面。

1. 不按时就餐。主要表现为不吃早餐。部分大学生由于作息不规律，晚上熬夜、早上赖床，因此担心上课迟到而不吃早餐。还有一些同学因为过度追求体型完美而不按时就餐。

2. 挑食。挑食指的是在饮食过程中完全凭自己的主观爱好，对食物挑三拣四，认为好吃的就多吃，不好吃的就少吃或不吃，如部分大学生只吃肉制品，不吃蔬菜、豆制品等。

3. 暴饮暴食。暴饮暴食指一餐饭的吃喝量超过正常饮食量的一倍或几倍。压力较大、负面情绪较多时，大学生易出现暴饮暴食现象。

(二)饮食不规律的危害

大学生正处在生长发育的最后一个重要阶段，日常饮食习惯是影响其生长发育和身体健康的重要因素。大学生饮食不规律的危害主要表现在以下几个方面。

1. 破坏胃肠的正常运作，诱发胃肠疾病。当不吃早餐或饥饿时，胃中没有食物可供胃酸等消化液中和，就会导致胃黏膜受侵蚀，长此以往，可形成胃穿孔。相反，暴饮暴食则会造成胃肠强制扩张，引发肠胃炎等疾病。

2. 容易造成营养不均衡、能量供给不足，导致学习效率下降。大学生学习压力大、任务重，因此其所需的营养素也较多。长时间饮食不规律易使身体无法获得所需的营养物质，导致记忆力下降、身体疲乏、精力不足。

五、缺乏健康锻炼及其危害

(一)大学生体育锻炼现状

目前，我国大学生体育锻炼现状不容乐观，大学生普遍体育锻炼意识淡薄。调查显示，大学生中每周累计锻炼次数在两次以下的男生占 34.2%，女生占 65%；在锻炼时间方面，每次锻炼时间小于 1 小时的男生占 57.9%，女生占 51.7%。此外，大学生锻炼方式多以被动锻炼为主，而独立自主锻炼较少。其中，以在体育课上锻炼为主的男生占 44.7%，独立自主锻炼的占 47.4%；主要在体育课上锻炼的女生占 62.1%，独立自主锻炼的占 34.5%。

(二)大学生缺乏健康锻炼的危害

《中国国民体质监测系统的研究》指出，缺乏体育锻炼导致当代大学生身体素质发展在身体成长期的 20 岁左右呈现下降趋势，其身体能力和身体条件也发生反向变化，出现了没有达到生理自然增高点就早衰的现象。大学生缺乏体育锻炼的危害主要表现在以下几个方面。

1. 肥胖

缺乏健康锻炼使得个体摄入的热量远远超过其本身所消耗的能量，容易导致个体肥胖。缺乏体育锻炼是造成大学生肥胖的主要原因。

2. 免疫力下降

当体育锻炼不足时，人体免疫系统就会处于懈怠状态，各项功能因不能迅速进入“战斗”状态而导致机体对病毒等的防御能力下降。缺乏体育锻炼是大学生免疫力下降的直接原因。

3. 肺功能减退

长期缺乏体育锻炼容易导致个体呼吸肌无力、肺泡弹性降低，肺的气体交换功能减弱。此外，也可导致胸腔血液不足，血红蛋白携氧能力下降，个体肺功能减退，进行较小负荷运动时便会出现胸闷、呼吸困难等症状。缺乏体育锻炼是大学生肺功能减退的重要影响因素。

六、作息不规律及其危害

(一)高校大学生的睡眠状况

睡眠状况是个体健康的重要影响因素，能够反映个人生活质量的高低。关于大学生睡眠状况的调查显示，我国高校大学生睡眠问题突出：一方面，熬夜学生所占比例大；另一方面，大学生中普遍存在作息时间不规律的现象，主要表现为昼夜颠倒等。

(二)作息不规律的危害

1. 作息不规律导致大学生内分泌失调，免疫力下降

长期熬夜会破坏机体正常的生理规律，引起生物钟紊乱，各脏器不能有序运转，从而导致内分泌组织或细胞分泌的激素增多或减少，其相对应的靶器官功能亢进或低下，进而造成个体内分泌失调，抵抗力下降，极易诱发各种疾病。

2. 作息不规律是大学生失眠、抑郁的重要影响因素

长期熬夜易导致个体头痛失眠、入睡困难，进而出现疲劳、精神不振、焦虑、易怒、不安等神经症状，严重者则会导致抑郁症的发生。

3. 作息不规律导致大学生记忆力减退，影响学习效率

熬夜使大脑细胞得不到充分的休息，个体因此容易出现头昏脑涨、注意力减退、记忆力下降等症状，对学习和生活产生严重影响。

【典型案例】

2012 年 11 月，广东某高校一名男生被发现猝死于宿舍中。事发当日，同宿舍同学发现该生无法叫醒，并出现抽搐症状，随即拨打 120，但最终该生还是抢救无效死亡。据了解，该生不爱运动，平常睡觉的时间都在凌晨 1 点至 2 点。很多大学生误认为自己年轻力壮，不按时吃饭与不规律作息并无大碍，然而事实并非如此。大学生应当合理安排生活作息，适当锻炼身体，养成良好的生活习惯。

第三节 大学生良好生活习惯的养成及健康维护

一、控烟限酒与健康教育

(一)控烟与健康教育

1. 大学生控烟指南

吸烟是心血管疾病最主要的风险因素之一，也是影响公众生命健康的重要公共卫生问题。世界卫生组织提出的 MPOWER 控烟综合战略之一是对重点人群开展烟草监测，大学生恰是控烟的重要潜在力量。然而，中国控烟协会于 2013 年发布的《2013 年全国高等院校无烟环境创建暗访评估报告》显示，无烟环境得分合格的高校仅有 194 所，占暗访高校的 24.25%。由此可见，开展大学生控烟工作迫在眉睫。

(1)政策支持是校园控烟工作开展的前提条件

高校学生吸烟问题的解决离不开国家相关法律法规的支持。国家要加快立法，严格执法，对在公共场所吸烟的行为加大打击力度，为校园控烟工作的开展提供政策支持。各级教育部门也要充分认识校园控烟的必要性和重要性，鼓励学校根据国家相关法律法规建立适合本校的控烟规章制度，将控烟工作与学生管理相结合，以弹性、渐进的方式引导校园控烟工作顺利开展。

(2)良好的校园环境是控烟工作开展的有利条件

大学生的吸烟行为受周边环境的影响，其中影响最大的是同伴的吸烟行为。因此，学校可通过开展控烟知识竞赛、举办健康教育专题讲座、举行校园无烟日活动、发放宣传资料等方式来增强学生的控烟意识，营造良好的校园环境。另外，教师更要以身作则，为学生树立榜样，积极参与校园控烟活动，减少环境刺激因素对大学生吸烟行为的影响。

(3)大学生的控烟意识是控烟工作顺利进行的必要条件

首先，大学生应在思想上具备控烟意识，积极参与校园控烟活动，拒绝吸烟，为营造无烟校园环境贡献力量。其次，大学生在做好自身的同时，也要努力成为控烟教育的传播者和促成者，对身边的吸烟行为进行及时劝阻。最后，已吸烟的学生，要积极做好戒烟准备。

(4)父母积极正向的言传身教是大学生控烟成功的重要条件

大学生的吸烟问题与家庭有吸烟者密切关。父母是孩子的第一任老师，父母吸烟必然导致孩子从小被动吸烟，这在一定程度上会助长孩子的吸烟行为。家长应以身作则，积极配合校园控烟工作，尽量做到在孩子面前不吸烟。另外，家长也可结合身边吸烟有害健康的事例，正确引导孩子远离香烟。

2. 大学生积极控烟的意义

(1)有利于养成良好的生活方式，培养健康的体魄

吸烟有百害而无一利，大学生积极参与控烟活动可有效减少吸烟对其造成的危害。控烟能够改善个体因吸烟而引起的味觉退化、牙齿焦黄等口腔问题，其消化系统、运动系统、神经系统功能也会恢复，有利于个体养成良好的生活习惯和生活态度。

(2)有利于摒除不良风气，建设文明校园

吸烟对人的记忆力和注意力会造成一定的影响，容易导致个体学习效率下降，甚至出现厌学、逃课、打架斗殴等问题行为，扰乱上课秩序，影响校园风气。高校控烟旨在引导学生摒除不良嗜好，以积极向上的态度投入科学文化知识的学习中，有利于优化育人环境，建设文明校园。

(3)有利于弘扬社会正气，建设社会主义和谐社会

大学生身上肩负着建设祖国的重任，其身心健康直接关系到国家的命运和社会

的发展。事实证明，大学生只有拥有强壮的体魄和健康的行为习惯，才能更快、更有力地投身到社会主义现代化建设事业中去，为祖国的发展贡献力量。

(二)限酒与健康教育

1. 限酒的常见误区

(1)啤酒不是烈性酒，多喝无事

一瓶 640 毫升的啤酒(以 4%的酒精浓度为标准)的酒精含量大致相当于 100 毫升 54 度的白酒，如果一个人一次喝六瓶以上的啤酒，同样可引起酒精中毒。此外，啤酒中含有大量的麦芽糖及其他物质，大量饮酒可导致肠道或腹部脂肪堆积，形成“啤酒肚”。

(2)白酒伤身，红酒养人

红酒中也含有酒精，经常过量饮用不仅会影响胃肠道正常运作，影响脂肪、蛋白质、糖等营养素的消化吸收，还会造成脂肪肝，导致酒精中毒性肝硬化。

(3)饮酒能助眠

医学研究表明，低剂量的酒精对中枢神经系统有兴奋作用，从而能够引起失眠。过量饮酒虽能够暂时抑制大脑活动，加快睡眠，但实际上饮酒者的大脑活动反而处于相对活跃状态，因此酒后睡醒的人通常会感到头痛、头晕等。

(4)饮酒能御寒

酒精能够麻醉大脑中枢神经，导致人体对外界的感知能力下降，从而使人产生饮酒能够御寒的错觉，实际上喝酒只会使身体变得更冷。这是因为乙醇会使人体皮肤血管扩张，加快体内血液循环，使体内热量通过皮肤更快地散发到体外。

2. 大学生限酒策略

(1)保护行为策略

保护行为策略即直接控制酒精的策略，这能有效降低大学生的饮酒率，减少酒精相关问题的产生。保护行为策略的具体实施方法为：首先运用量表筛选出阳性人群，然后再有针对性地对其实施行为保护策略，如设定不超出预设的酒精消费量、阻止个体摄入来路不明的食物、阻止个体参加有饮酒的活动等。

(2)环境控制策略

环境对人行为习惯的形成有着极为深刻的影响，环境控制策略主要通过规范外部环境来达到控酒的目的。国家应明令禁止商贩在学校周围兜售酒及酒制品，学校可通过开展教育讲座、演讲比赛、趣味知识竞答等方式提高学生参与校园限酒活动的热情，营造健康的校园文化氛围。

(3)父母干预策略

教育部门可向在校大学生的父母发放有关限酒的教育指导手册，提高其知识素养和专业技能水平，以更好地发挥家庭的教育功能。而大学生的父母要以身作则，起到表率作用，并对大学生的饮酒行为进行有效监督，如可结合身边具体的事例让孩子意识到过度饮酒所带来的危害等。

二、网络沉迷与健康教育

(一)大学生网络心理健康的标准

网络是一把双刃剑，大学生作为网络使用的主体，在享受现代科技文明带来的极大便利的同时，其认知、情感、意志、人格、行为等方面也深受网络虚拟世界的影响。网络心理健康指的是在网络环境下，人基本心理活动过程的完整统一，具体表现为个体的认知、情感、意志、行为、人格的完整和协调。一般将大学生网络心理健康的标准划分为以下几个方面。

1. 网络心理健康的意识和观念正确

正确的网络心理健康观念是评判大学生网络心理健康的重要标准，具体包括：①清楚地了解网络对学习、生活的利弊，既不依赖网络，也不“谈网色变”，自觉遵守《青少年网络文明公约》，养成健康、安全的上网习惯。②能够运用已有的知识辨别网络信息的真伪，并及时改正自己不正确的认知和行为。③了解各种网络心理障碍出现的原因、主要症状表现、诊断标准及治疗和预防的方法。

2. 线上和线下人格完整统一

人格的完整统一是大学生心理健康的重要标志之一。人格涵盖了人的个性心理特征(能力、气质、性格)和个性心理倾向(动机、兴趣、理想、价值观)，体现了一个人稳定的精神面貌。由于网络环境的特殊性和网络身份的不确定性，容易导致网络双重或多重人格的出现，这是心理不健康的典型表现，也是一种严重的心理障碍。因此网络心理健康的人要做到以现实为主，保持线上线下人格的和谐统一。

3. 线上线下均能保持良好的情绪体验

情绪是人脑对客观事物与主体需求之间关系的反应，是衡量大学生网络心理健康与否的显著标志。一名网络心理健康的大学生除了具备良好的网络道德外，还应懂得在网上克制情绪、适当宣泄，能够合理恰当地调控自己的情绪情感，善于分析引起负面情绪的原因并主动加以解决。网络心理健康的大学生不论在虚拟世界还是在现实世界，其主导心境是快乐的、平和的，能够积极处理负性情绪事件，因此表现为积极情绪多于消极情绪。

4. 不因网络的使用而影响正常的学习、工作和生活

大学生网络心理健康的重要特征之一是意志健全，主要表现为自觉、坚韧和有自制力。一名网络心理健康的大学生能够结合自己的上网动机合理安排上网时间，努力提高自身素质和自控力；能够根据自己的需要理性选择网络资源，自觉抵制网络上的各种不良诱惑，做到取其精华、去其糟粕。除此之外，在网络离线时也没有表现出明显的身体和心理不适。

5. 不因网络的使用而影响现实生活中的人际交往

社会适应良好、人际关系和谐是大学生网络心理健康的另一重要标志。网络环

境中“人—机器—人”的交流模式脱离了现实社会中人与人面对面式的直接交流模式。若把大量的时间和精力放到虚拟的网络人际交往中，现实社会的人际交往能力则会被弱化。因此网络心理健康要求大学生能够正确处理网络和现实人际交往的关系，保持网络和现实人际关系协调发展。

（二）网络心理健康教育

网络环境下大学生的心理健康问题日益凸显，出现了各种与网络相关的心理疾病，引起了国家和社会的高度重视，网络心理健康教育随之诞生。网络心理健康教育是在传统心理健康教育的基础上发展而来的，它以网络为媒介，以主体发展性为主，不仅包括针对网络影响开展的心理健康教育，还包括心理健康教育的网络化，其目的在于预防、矫正个体出现的各种网络心理问题。

1. 网络心理健康教育的重要性

（1）网络心理健康教育有利于拓展心理教育平台，开辟心理健康工作新天地

网络心理健康教育的出现是传统心理健康教育顺应社会需求的表现，在一定程度上拓宽了心理健康教育领域。网络环境的自由性、开放性、不受时空限制性以及资源共享性可弥补高校心理教育师资力量不足的现状，改善高校心理健康知识更新慢等问题，使学习资源效用达到最大化，为大学生解决心理问题创造方便快捷的服务平台。

（2）网络心理健康教育有利于提高大学生的心理健康水平，保证网络环境下大学生顺利成长成才

网络心理健康教育够引导大学生正确看待和使用网络，避免过度沉溺于虚拟世界而忽视现实世界的生活，帮助大学生实现网络心理健康与现实心理健康的良性互动。此外，网络环境下多样化的情感交流模式和较为轻松的人际互动方式，也有利于个体维护自身心理平衡。

（3）网络心理健康教育有利于提高大学生网络道德素养，构建良好的网络生态环境

人们的行为主要依靠个人的道德素养和法律信念来维持。网络心理健康教育能够让大学生了解国家关于网络使用方面的法律法规，引导大学生主动遵守网络道德规范，以较完善的法律知识和良好的道德素养对网络环境下的自我行为进行约束、调控和完善，自觉维护网络秩序、净化网络环境。

2. 如何开展大学生网络心理健康教育

（1）提高网络教育队伍的综合素养，为构建网络心理健康教育平台提供人才保障

构建一支高水平、高素养的网络教育队伍是开展大学生网络心理健康教育的人才保障。国家要加强对教育工作者有关网络心理健康知识方面的培训，让其在掌握网络健康教育的基本知识与技能后持证上岗。对教育工作者而言，要能够结合网络环境的特点，以学生喜闻乐见的方式传授网络心理健康教育方面的知识。

(2)以网络心理健康教育内容的建设为重点，提高大学生网络心理健康教育工作的有效性和针对性

一方面，要建立健全网络心理测量平台，以便学生更好地结合自己的心理状态，寻求适当的心理调适方法；另一方面，还要结合大学生身心发展特点，通过举办网络心理健康知识讲座、开设网络心理健康知识专栏、举办网络心理论坛、成立网络心理咨询服务小组等方式引导大学生健康上网，提高其心理素质。

(3)提高大学生自我教育意识，为网络心理健康教育的顺利开展提供保证

学校要制定网络心理健康教育的相关纪律规则，鼓励学生定期参与心理筛查活动，引导大学生在遇到心理问题时能够积极使用网络心理健康教育平台进行自我教育或者主动求助于他人，降低罹患心理疾病的风险。

3. 网络成瘾的对策与建议

(1)自律为首，积极进行自我心理干预是大学生戒除网瘾最有效的方式

苏联教育家苏霍姆林斯基曾经说过，真正的教育是自我教育。要想解决网络成瘾问题，大学生必须在思想上高度重视网络成瘾对自己身心健康的影响，主动寻求老师、家人、同学的帮助，同时积极参与社会实践活动，加强体育锻炼，提高自我控制力。

(2)建立全方位、多角度的网瘾防治体系，加强学校和家庭的合力作用

把握好学生活动的两个主阵地——学校和家庭，是帮助大学生戒除网瘾的有效途径。学校要成立专门的心理咨询服务小组，通过耐心沟通和专业知识及时引导网络成瘾的学生科学使用网络。父母要采取科学的教育方式，给予大学生积极的鼓励和引导，帮助其树立克服困难的信心。此外，父母还要积极配合学校教育，加强与学校教师的联系，以便更好地了解孩子的心理动态。

(3)加强网络监督管理，建设网络法治环境，为网络成瘾的大学生提供优质的社会服务

一方面，国家要建立健全网络监督管理的相关法律法规，严厉打击网络犯罪行为，建立网络信息过滤系统，以预防大学生网络成瘾为重点；另一方面，要完善社会服务系统，聘请专业的心理咨询师和相关的医疗人员，为网络成瘾的大学生免费提供帮助。

三、营养与健康教育

(一)大学生膳食营养平衡

1. 人体必需的营养素

营养指人体不断地摄入、消化、吸收和利用食物中的营养成分来维持生命活动和机体健康状态的动态过程，是一个全面的生理过程。

营养素指食物中具有营养功能的物质，是维持个体生命的物质基础。同一营养

素可具有多种生理功能，不同营养素也可具有相同的生理功能。人体所需的营养素有六大类：糖类、蛋白质、油脂、水、维生素、无机盐。它们各自具有特殊的营养功能，在代谢过程中相互联系，共同参与生命活动。

糖类是生命细胞结构的主要成分，也是机体能量最经济、最主要的来源。糖类不仅能够维持心脏和神经系统的正常功能，也可促进胃肠蠕动，加快体内代谢废物的排出，有效预防结肠癌等消化系统疾病。大米、馒头、面条、藕粉中的糖类含量较多。

蛋白质是构成人类一切细胞、组织器官、体内各种生理活性物质(如酶、激素、抗体等)的重要成分，也是人类生命的物质基础。蛋白质能够促进组织细胞的生长、更新和修复，维持正常的渗透压，保证机体的正常功能。瘦肉、蛋类、豆类及鱼类中的蛋白质最为丰富。

油脂是油和脂肪的统称。脂肪是人体重要的组成成分，也是发热量最高的一种热源质，不仅能够储存和提供能量，参与机体物质和能量代谢，还能起到保温作用，调节机体生理机能。油脂可增加膳食美味，缩小食物体积，减轻胃肠负担。肉类、坚果、动物肝脏等食物中富含油脂。

水是人体最主要的成分，是保持细胞形状、构成人体体液所必需的物质，承载着维系生命的关键作用。水不仅作为营养物质代谢的载体参与体内物质新陈代谢，还能够维持产热和散热的平衡，调节体温。

维生素是调节机体生理功能所必需的一类有机化合物的总称，为微量元素，人体不能合成，主要从蔬菜、水果等富含维生素的食物中获取。维生素以“生物活性物质”的形式存在于人体内，是机体酶系统的辅助成分，在人体组织的生化反应中起着关键作用。

无机盐是维持人体正常生命活动不可或缺的元素，广泛存在于自然界中，并且作为酶反应过程中不可或缺的活化剂或抑制剂，能够参与机体多种酶的活动，与人体健康密切相关。

2. 大学生健康饮食指南

健康的饮食是维持个体生命机能的源泉，是保证个体健康的基础。大学生只有遵循健康饮食法则，才能拥有强健的体魄，享受美好人生。

(1)食物多样，谷类为主，粗细搭配

每一种食物都有不同的营养特点，没有任何一种食物可以满足人体所需的全部营养素。因此，饮食多样化才能最大限度地满足个体正常生长发育及各种生理活动的需要。

谷类食物包括米、面、杂粮等，主要提供蛋白质、糖类、膳食纤维及B族维生素，是人体所需能量最重要的来源。饮食中增加全谷物的摄入量，有利于降低体内血液中的含糖量，改善血脂异常，减少个体罹患心血管疾病、结直肠癌等与饮食相关疾病的风险。

(2)多吃蔬菜、水果，适量吃奶类、豆类、鱼、禽、蛋、瘦肉

新鲜蔬菜、水果是人类平衡膳食的重要组成部分。蔬菜、水果能量低，富含维生素和膳食纤维等，有利于保持消化系统的正常运作，降低个体罹患胃肠等消化疾病的风险。奶类、豆类、鱼、禽、蛋、瘦肉含有丰富的优质蛋白，有利于促进个体的生长发育。其中，需要特别注意的是动物性食物中不饱和脂肪酸含量较高，摄入过多可增加心血管疾病的发病风险，因此在食用时要把握适量原则。

(3)少油少盐、控糖限酒

培养清淡的饮食习惯，少吃高盐和油炸的食品。摄入较多的油炸和含糖量较高的食物可导致肥胖，引发高血脂、动脉粥样硬化等慢性疾病。高盐饮食不仅可能使血压升高，还可能抑制呼吸道细胞的活性，导致机体免疫力下降，增加病毒和细菌在呼吸道感染的机会。

(4)吃动平衡，保持健康体重

保持吃动平衡，是个体维系健康的关键因素。吃得过少，营养摄入不足或者运动过量，能量消耗过多，就会导致营养不良、身材瘦削、身体疲乏、精力不足、抵抗力下降；反之，如果吃得过多或者运动量过少，则会导致营养过剩，多余的能量便会以脂肪的形式储存在人体内，造成肥胖或超重，影响个体身心的健康发展。

(二)合理营养与控制体重

1. 标准体重的判断标准

标准体重是反映和衡量人体营养和健康状况的重要标志之一，是维持机体各项生理功能正常活动的重要因素。目前，国际上常用体重指数(body mass index，BMI)来衡量人体胖瘦程度及体重是否标准。BMI的计算公式如下：

$$\text{BMI}=\frac{\text{体重(kg)}}{[\text{身高(m)}]^2}$$

BMI标准如表3-1所示。

表3-1 BMI标准表

BMI分类	WHO标准	亚洲标准	中国参考标准	相关疾病发生的风险性
体重过低	<18.5	<18.5	<18.5	低(但其他疾病危险性增加)
正常范围	18.5～24.9	18.5～22.9	18.5～23.9	平均水平
超重	≥25	≥23	≥24	增加
肥胖前期	25.0～29.9	23.0～24.9	24.0～26.9	增加
Ⅰ度肥胖	30.0～34.9	25.0～29.9	27.0～29.9	中度增加
Ⅱ度肥胖	35.0～39.9	≥30.0	≥30.0	严重增加
Ⅲ度肥胖	≥40.0	≥40.0	≥40.0	非常严重增加

2. 肥胖的危害

(1)肥胖是诱发心血管疾病的危险因素之一

肥胖者机体代谢率较大、心脏排血量增加，导致个体心脏负荷量增大、心室充盈，易造成心室肥大和舒张功能障碍。另外，肥胖会使体内血糖、血脂含量升高，血液黏稠、血流速度减慢，形成动脉粥样硬化斑块，导致血管堵塞，从而引起高血压、心脏病、中风等心血管疾病。

(2)肥胖与糖尿病的发生密切相关

肥胖是诱发糖尿病的重要因素之一。脂肪在降解的过程中会产生大量的游离脂肪酸，阻碍肝脏摄取胰岛素，导致循环胰岛素浓度增加，胰岛素抗体水平上升，引起体内糖代谢紊乱，无法维持机体血糖正常水平。

(3)肥胖在骨关节疾病的发生发展中起着重要作用

肥胖能够造成关节机械应激，增加关节负荷量，导致关节表面受力不均，加速软骨细胞坏死，使得软骨变薄，甚至丢失，最终导致骨关节相关疾病的发生。因此肥胖的时间越长，骨关节疾病发生的可能性就越大。

3. 合理营养与健康的关系

合理营养指个体从食物中摄取的各类营养素配比合适，表现为身体对这些营养素的需求平衡，既不缺乏，也不过剩。大学生合理营养的核心是膳食平衡，基本条件是为个体提供满足其生长发育所必需的物质。合理营养对大学生产生的积极效益主要表现在以下几个方面。

(1)合理营养是促进身体生长发育的物质基础

营养素是维持人体生命的物质基础，在个体生长发育的过程中起着决定性作用。蛋白质是人体组织不可或缺的营养素，能够为组织细胞的繁殖增长提供能量，从而促进个体生长发育。维生素、糖类，以及钙、磷等无机盐也是促进个体生长发育的物质基础，若长期摄入不足，则会导致个体身材矮小、瘦弱，身体发育迟滞。

(2)合理营养是促进大脑和智力发育的辅助因素

大脑和智力的发育需要以充足的营养为基础。DHA、卵磷脂、蛋白质、糖类等营养素能够为脑细胞的新陈代谢提供动力能源，保持大脑活力，促进智力发展。如果营养摄入不合理，则会影响神经系统的发育，导致个体神经激素分泌紊乱，阻碍智力的发展。

(3)合理营养是增强机体免疫功能的前提条件

营养与机体的免疫功能密切相关，它是人体免疫系统正常发挥免疫功能的物质保障。合理营养可改善人体免疫情况，有效预防疾病发生。例如，多食一些鱼类、禽类等富含蛋白质的食物，可增强皮肤和黏膜的局部免疫力；适量补充维生素可提高机体抗感染的能力。相反，营养不良则会导致机体免疫力下降，从而引发各种疾病。

四、运动与健康教育

（一）大学生参与体育运动的意义

1. 大学生积极参与体育运动是拥有健康体魄的前提保证

强健的体魄是大学生健康成长和实现幸福生活的基础，而积极参与体育运动则是拥有强健体魄的前提保证。体育运动能够促进肌纤维变粗、骨密质增厚，有利于机体骨骼、肌肉的生长。此外，体育运动还能够提高机体中枢神经系统的兴奋性，增强机体免疫力。

2. 大学生积极参与体育运动是保持健康心态、充满活力的有效手段

在大学生心理健康教育中，体育发挥着独到的重要作用。这是因为体育运动对人的情绪具有积极的调节作用，能够帮助学生科学合理地宣泄不良情绪、消除心理疲劳、改善人际关系、提高社会适应力，有利于大学生保持积极向上的健康心态。

3. 大学生积极参与体育运动是民族良好精神风貌的集中展示

发展体育事业是社会主义精神文明建设的重要方面。积极参与体育运动能够反映出当代大学生追求进步、努力向上、坚持不懈的进取精神，也能集中体现中华民族自强不息、奋发进取的良好精神风貌。

（二）大学生常见的体育运动项目

1. 田径运动

田径运动是田赛、径赛和田径全能比赛的全称，包括竞走、赛跑、跳跃、投掷以及由赛跑、跳跃、投掷的部分项目组成的全能运动，具有激烈的竞争性和严格的技术性。大学生积极参与田径运动有利于提高力量、耐力、速度等身体素质，促进新陈代谢，保持精力旺盛。

2. 球类运动

球类运动包括篮球、排球、足球、乒乓球、羽毛球、网球等，参与者可根据自己的体质状况选择适合自己的运动。球类运动能锻炼人体的协调性、敏捷性和平衡性，能够消耗体内脂肪、塑造形体，有利于促进全身血液循环，降低个体罹患心血管疾病的风险。

3. 游泳运动

游泳具有锻炼时间短、健身收效大的特点。人体在受到水的刺激后，全身的血液循环和新陈代谢能力都会加强，有利于脂肪的消耗、消化系统功能的改善和心血管功能的增强。

4. 搏击格斗类运动

搏击格斗类运动综合性较强，有静有动，攻防自由，主要包括散打、跆拳道等。此类运动一方面能够增强肌肉力量，达到强身健体、增强体质的目的；另一方面也能够传递“胜不骄，败不馁”的体育精神，提高个体竞争意识，培养其顽强拼搏的意

志品质。

5. 时尚健身运动

时尚健身运动主要包括健美操、啦啦操、花样跳绳、瑜伽等。时尚健身类运动不仅能够减脂塑形、促进新陈代谢、提高机体免疫力，还能帮助参与者调节情绪、舒缓压力、增加活力。

(三)大学生常见的运动损伤及防治

1. 皮肤擦伤

皮肤擦伤指皮肤表面由于受到外力作用而出血或组织液渗出，是运动中最常发生的一种损伤，多发生于手掌、肘、膝盖、小腿等部位。伤口较浅，伤口内无异物者，在伤口处涂抹红药水即可；若伤口内有异物，则应先用生理盐水棉球清除伤口异物，再用凡士林纱条覆盖伤口并包扎。伤口较深、较严重者应及时就医。

2. 肌肉拉伤

肌肉拉伤指肌肉主动强烈收缩或被动过度拉长所造成的肌肉损伤，表现为肌肉撕裂或疼痛、肿胀、受伤部位活动受限，拉伤的部位多发生在大腿后部肌群、腰背肌、小腿三头肌、腹直肌、斜方肌等。当肌肉轻微损伤或少量肌纤维断裂时，应即刻冷敷，加压包扎，抬高患肢以减轻痛苦；若伤者肌纤维大部分断裂或全部断裂，应立即送往医院进行治疗。

3. 关节扭伤

关节扭伤症状表现为关节疼痛肿胀、活动受限，皮下有淤血，以腰部关节、肩关节、髌骨、踝关节、手指关节等的损伤最为常见。一旦发生关节扭伤应立即停止运动，可通过敷冰袋、冷水袋或冷毛巾等方式减轻疼痛，严重者应及时就医。

4. 骨折

骨折是指骨的连续性和完整性遭到破坏，主要症状为局部疼痛、肿胀，出现环形压痛或纵向叩击痛，X 射线检查异常，一般发生在对抗较激烈的运动中。一旦发生骨折，切勿随意移动伤者的四肢，应剪开衣袖或裤管，用夹板、绷带或其他代用品固定伤肢，使断端不再活动以保护患肢，然后安全迅速地将伤者送往附近医院。

(四)大学生体育锻炼的误区

1. 认为散步就是锻炼

散步就是锻炼是大学生中普遍存在的一种错误认知。散步运动量小，消耗的热量少，较适合老年人和不宜剧烈运动者。对于大学生来讲，散步达不到调动全身器官、强身健体的目的。

2. 认为肌肉增粗影响美观

肌肉增粗影响美观这一错误观念是由个体审美偏激和健康理论知识缺乏而造成的。体育锻炼能有效促进肌肉的血液循环，加强其新陈代谢能力，使肌纤维中线粒体数目增多、体积增大，肌肉中脂肪含量减少，肌肉力量增强，这是健康美的表现。

3. 认为体育锻炼浪费时间

由于知识的学习在大学生发展指标中占主要地位，加之其自身对体育锻炼的意义缺少认识，因此部分学生存在重视专业学习而轻视身体素质发展的现象。他们普遍认为体育测试对大学生的学业影响不大，找工作不看身体素质只看知识能力，因此将体育锻炼看作浪费时间。

【延伸阅读】

缓解压力小技巧

1. 想象放松训练

想象你躺在大海边的海滩上，全身沐浴在温暖的阳光中，身体感到湿润温暖。拂面而来的海风吹过你的身体，产生一阵清凉，潮水有节律地拍打着海滩，海浪在礁石上被打成细细的水沫，飘散到你的身体上，你感到凉爽且安宁，潮起潮落的海水轻轻地按摩你的身体，你的肩、胸、腹以及全身将随着潮水而轻轻地摇动。偶尔听到一群水鸟从头上飞过的声音，你记不起在这儿过了多长时间，仿佛躺在妈妈身边的婴儿摇床里。深吸气，让清新的空气注入你的胸腔，然后慢慢地呼气，此时你觉得自己变得轻盈起来，像一片树叶轻轻地飘落到地上；再一次深吸气，你感到更加放松、安宁，然后慢慢地呼气。最后轻轻地睁开眼睛，此时你感到全身轻松、安宁，大脑格外清爽。

2. 制作待办事项表

研究表明，压力大可能是事情杂乱而没有头绪造成的。在这种情况下，可认真梳理一下要做的事情，然后一一写在计划本上，每完成一件就划掉一件，这样便能对自己的工作进度做到心中有数。随着划掉的事情越来越多，工作的完成度越来越高，压力也会随之越来越小。制作待办事项表需要注意两点：一是一次只做一件事情，不能两件或多件同时进行；二是只有一件事情被彻底解决后，才能继续做下一件事情。

思考题

1. 简述健康生活方式对大学生的积极意义。
2. 简述不良生活习惯对大学生身心健康的危害
3. 请从自身角度简述大学生应如何养成良好的生活习惯。
4. 结合本章所学知识，为自己设计一份健康生活方式行动计划。

第四章　积极心理与健康教育

本章导读▶

心理健康是健康的重要组成部分，加强大学生心理健康教育对于提升大学生的综合素质、建设和谐校园具有重要意义。本章主要从积极心理学的角度出发，简要阐述了大学生心理健康的概念和标准，并详细论述了大学生积极心理品质的含义、特点和作用。通过典型案例分析大学生常见的心理问题及成因，以及大学生不良心理品质的表现。最后着重介绍了大学生心理健康问题的预防和干预，以及大学生积极心理品质的养成和对策，以期为大学生心理健康教育提供建议和指导。

第一节　大学生心理健康概述

一、大学生心理健康的概念

（一）心理健康的概念

世界卫生组织曾在1984年指出，健康不仅是没有疾病和虚弱的状态，而是在身体上、心理上和社会适应方面均处于一种完满状态。1989年，世界卫生组织又对健康的定义进行了修订，认为健康应该包括躯体健康、心理健康、社会适应良好和道德健康四个方面。

心理健康是健康的重要组成部分，是一个连续的、不稳定的、发展的概念，随着社会的发展和研究的深入而不断改进和完善。一般而言，广义上的心理健康指一种高效而满意的、持续的心理状态；狭义的心理健康指人的基本心理活动的过程、内容完整、协调一致，即人的认识、情感、意志、行为和人格完整协调，能够适应社会，并与社会保持同步。因此，心理健康是一种持续的、良好的心理状态，处在这种状态下的人，不仅有安全感、自我状态良好，而且能与社会和谐相处，并能以社会认可的形式适应外部环境。

（二）大学生心理健康的标准

我国著名心理学家林崇德教授认为，凡对一切有益于心理健康的事件或活动做出积极反应的人，其心理便是健康的。大学生正处于人生的青年期，已经度过了主动青春叛逆期，逐渐步入相对平稳的阶段。根据大学生这一特殊群体的年龄特征、心理特征和社会角色特征，结合国内外心理学者的见解，大学生心理健康的标准一般被认为包含以下几个方面。

1. 智力正常

智力正常是大学生学习、生活和工作最基本的心理条件，是大学生胜任学习任务、适应周围环境变化的心理保证，是大学生心理健康的首要标准。衡量大学生智力的关键在于大学生能否正常、充分地发挥智力效能，即是否有强烈的求知欲和浓厚的探索兴趣；智力结构中的各要素在认识和实践活动中能否积极协调地参与并正常地发挥作用；是否乐于学习，并积极参与学习活动；能否适应时代要求，并具有利用知识进行创新的能力；等等。

2. 情绪稳定，积极乐观

情绪稳定和心情愉快是情绪健康的主要标志，是大学生心理健康的一个重要指标。心理健康的大学生多积极乐观、自信开朗、富有朝气，对生活和学习充满信心和希望，善于调节自己的情绪，并能找到合理、恰当的表达自己情绪的方式。

3. 意志健全

意志健全是指个体在自觉性、果断性、坚韧性和自制力等方面表现出较高的水平。心理健康的大学生往往对自己的行为具有一定的控制能力，对自己的行动目的有正确的认识，能在行动中主动支配自己的行动以达到行动目标。在学习和生活中，心理健康的大学生能为实现自己的理想制订可行的人生目标，并脚踏实地地去实现这些目标；遇到困难和阻力时有决断的能力，并能持之以恒；能够克制冲动，对紧急事件做出良好的应变。

4. 人格完整

人格是个体比较稳定的心理特征的综合。人格健全即气质、能力、信念、人生观等各方面均衡发展，个人的所想、所说、所做协调一致。心理健康的大学生人格完整的标志有：①人格结构各要素完整统一；②自我意识正确，无自我统一性混乱；③具有积极进取的人生观，并以此为中心把需要、愿望、目标和行为统一起来。

5. 自我意识完善

大学生的自我意识是指大学生对自己的认识和评价，即认识自己、评价自己和接纳自己。心理健康的大学生能够充分地认识自己，客观地评价自己，既不妄自菲薄也不骄傲自满，并能够在认识和评价自己的过程中从心理上悦纳自己。

6. 人际关系和谐

人际关系是人与人之间的情感关系，和谐的人际关系是大学生心理健康不可缺少的重要条件，也是大学生心理健康的重要表现。大学生的人际关系一般通过其与老师、同学的交往情况反映出来。心理健康的大学生一般都乐于助人，有稳定而广泛的人际关系，能够以尊重、信任、友爱和宽容的态度与人相处，并能够在人际交往中保持独立完整的人格和乐观积极的交往态度。

7. 适应能力良好

适应能力是衡量大学生心理健康的重要指标。心理健康的大学生具有良好的社会适应能力，能够和社会保持良好的接触，对社会有清晰和正确的认识，思想和行为能跟得上社会的发展和时代的要求。当自己的需求和愿望与社会发生冲突的时候，能够快速做出自我调节，以适应社会。

8. 心理行为符合大学生的年龄特征

大学生正处在一个特定的年龄阶段，其心理状态和行为，即认识、情感、言行举止，均应符合该年龄段的特征。心理健康的大学生通常精力充沛、勤学好问、反应敏捷、喜欢探索，不严重偏离所处年龄段的特征，如过于老成或幼稚、过于依赖等。

二、大学生积极心理品质的含义与作用

(一)积极心理品质的含义

心理品质是大学生的重要品质之一。2005 年，教育部、卫生部、共青团中央下发《关于进一步加强和改进大学生心理健康教育的意见》，要求开展心理健康教育，做好心理咨询工作，提高心理调节能力，培养良好心理品质，促进大学生思想道德素质、科学文化素质和身心健康素质协调发展。

心理品质是以个体的生理结构为基础，通过个体与环境的交互作用形成的并由某种思想、行为表现出来的相对稳定的心理特质。

积极心理品质的提出源于塞利格曼的积极心理学。积极心理学采用科学的原则和方法研究幸福，倡导心理学的积极取向，以研究人类的积极心理品质、关注人类的健康幸福与和谐发展为主。① 塞利格曼在《积极心理学导论》中强调，积极心理学的目标就是促使人们把关注点从修复生活中坏的东西转移到建立正面的、积极的品质，将传统的对心理障碍和心理疾病的消极研究转向重视人的积极潜能和积极力量的研究。积极心理学主要研究积极主观体验、积极人格特质和积极社会系统，其中积极人格特质又分为美德和性格品质两大类。积极性格品质是积极人格特质研究的重要组成部分，是对人的思想、情感和行为等特质的反映。而积极心理品质是个体在成长中及在与环境相互作用的条件下形成的一种相对持久的、积极的情绪和情感体验。

大学生的积极心理品质包括积极的自我认识、积极的情绪情感、积极的意志品质、良好的个性心理、积极的人际关系等方面。积极心理学研究者把个体的积极特质分为 6 种核心美德和与之对应的 24 种性格优势(见表 4-1)。

表 4-1　6 种核心美德和与之对应的 24 种性格优势

6 种核心美德	定义特点	对应的 24 种性格优势
智慧与知识	知识的获得和运用	好奇心、对世界的兴趣；喜欢学习；创造力；开放性思维；个人和社会的智慧、情商；洞察力
勇气	面临内在或外在压力时誓达目标的愿望	勇敢和勇气；坚持性、努力、勤奋；正直、诚实、真实
仁慈与爱	人与人交往之间的积极力量	仁慈、善良、慷慨；爱与被爱的能力
正义	奠定健康社会生活的公民美德	公民责任、团队精神；公平、公正；领导能力

① 参见[爱尔兰]Alan Carr:《积极心理学——有关幸福和人类优势的科学(第二版)》，丁丹等译，北京，中国轻工业出版社，2013。

续表

6 种核心美德	定义特点	对应的 24 种性格优势
节制	做事不过分的积极力量	自我控制和自我调节；谨慎小心；适度和谦虚；宽恕
卓越	使自己与全人类相联系的积极力量	对美、卓越的敬畏、欣赏和领会；感激；希望、乐观；精神追求、信念、信仰；风趣、幽默；热情、激情

(二)大学生积极心理品质的特点

1. 积极性

积极性是个体拥有向上、进取、努力工作的一种思想和行为表现。积极心理品质本身就具有积极的因素，外在环境的刺激能激发个体自身的积极性，从而形成积极乐观的心态。大学生思维敏锐、想象力丰富、情感鲜明，在良好的社会环境中容易激发出自身的积极性，进而形成积极思维，以乐观的心态面对挫折和解决问题。

2. 创造性

创造性指个体的思维和实践活动具有创新的特性，是个体自我实现人格的副产品，其发挥的关键在于健康人格的形成。积极心理品质可激发大学生的内在想象力和创造力，有助于其创造性地寻找解决问题的方法，进而积极乐观地面对困难和挫折。除智力层面外，大学生的创造性还体现为积极向上的精神、强烈的好奇心、开放的思维和广泛的兴趣等。

3. 适应性

适应性是指心理上的适应，是个体通过各种特性的有机配合，拥有较快适应周围环境的能力。积极心理品质能对个体产生积极的心理暗示。大学生如果拥有自信、勇敢、坚强和乐观的心理品质，在面对困难和挫折时就能及时在生理、心理和行为上做出调整和改变，并进行积极的心理暗示，表现出积极的自我适应能力。

4. 稳定性

稳定性指个体的人格特质具有跨越时间和情景，使得心理活动处于一定的平和状态的能力。积极心理品质是在家庭因素、社会因素和个体因素的共同作用下产生的，其形成需要较长的时间，一经形成将不会轻易改变，故具有相对稳定性。大学时期是心理发展与成熟的时期，积极心理品质能给大学生带来积极和持久的影响，使大学生形成积极稳定的心理状态，在遇到困难和挫折时能积极面对和克服，有助于大学生自身的健康成长。

(三)大学生积极心理品质的作用

1. 大学生积极心理品质是其身心健康发展的催化剂

大学时期是个体价值观、人生观、世界观形成的关键时期。这一时期，由于受学业、就业、恋爱、人际关系等各方面因素的影响，大学生的心理状态容易出现波动，容易情绪不稳定，出现易爆易怒、紧张焦虑等状况，从而阻碍大学生的成长和发展。大学生积极品质的培养，不仅能挖掘大学生的优秀潜质，防止大学生陷入不良情绪当中，而且有助于大学生形成健康积极的生活态度和理念，促进其身心健康的稳定发展。

2. 大学生积极心理品质能够激发自身潜能

积极心理学认为每个人都有潜在的建设性能力和力量。大学生正处在精力旺盛、思维活跃、好奇心强的黄金时期，积极心理品质对大学生而言，可以使他们的认知水平和情绪状态达到最佳，更容易激发其潜在能力。培养大学生积极的心理品质不仅可以使大学生保持良好的精神状态，以饱满的热情投入学习当中，而且也有助于大学生形成创造性思维，提高学习效率。

3. 大学生积极心理品质可以推动社会的和谐稳定发展

大学生是国家的栋梁和希望，大学生的健康发展对未来社会的发展起着一定的推动作用。大学生拥有积极的心理品质和良好的心理状态，不仅可以使自身得到全面健康发展，而且也能用自身的正能量和积极性影响和感染周围的人，唤醒他人的积极能量，从而形成良好的团体氛围，推动社会的和谐稳定发展。

第二节　大学生心理健康与常见的心理问题

一、大学生心理健康现状

由于大学生处于青年中期，他们的生理发展已接近完成，具备了成年人的体格和种种生理功能，但心理上尚未成熟，加之面临着求职就业、专业学习、理想、人生等一系列重大现实问题，较易出现各种心理冲突，如理想与现实的冲突、理智与情感的冲突、独立与依赖的冲突、自尊与自卑的冲突、升学与求职的冲突等。如果这些冲突和矛盾不能得到及时有效的疏导和解决，久而久之，大学生就容易出现心理问题，形成心理障碍。

大学生的心理问题已逐渐成为社会关注的焦点。研究发现，大学生心理问题可分为两大类：①一般性的成长心理问题。主要包括环境改变与心理适应问题，学习调适不当而出现的心理问题，因情绪控制、自我认知、人格发展、意志品质锻造能力相对较弱而产生的人际交往、恋爱、性心理等方面的心理和行为问题。其中，人际交往问题排在首位，而性与恋爱所造成的心理危害最为严重。虽然这类的心理问题造成心理障碍的倾向不严重，却是大学生心理存在的主要问题。②严重程度不等的心理障碍和心理疾病。可见，加强大学生心理健康教育对于提升大学生综合素质，建设和谐校园具有重要意义。

二、大学生常见的心理问题

（一）有关大学生活适应的心理问题

大学生活适应是大学新生中最为常见的问题。新入学的大学生从中学升入大学，其所面临的生活和学习环境发生了明显的改变：从之前高考的繁重学习环境到了大学的宽松学习环境，从长期依赖家长和老师到离开他们的管束和监督。一些学生在新的集体和环境中容易出现独立和依赖的矛盾，甚至有的学生因失落感导致心理上的不平衡。例如，有的大学生初到新的环境时，发现现实大学生活与原先的预期存在较大的差距；有的因地域差异与现实环境、饮食习惯格格不入；有的面对丰富多彩的大学社团活动不知如何选择；有的刚开始对大学充满了憧憬、树立了远大的理想，但进入大学后因面对优秀的同学而萌生了挫败感；有的甚至暂时丧失了新的学习和生活目标。

由于大学生个体适应能力存在差异，一些学生会出现因环境变化而适应困难，进而情绪低落，出现心理问题。若新生的适应问题未得到及时处理，久而久之可能会发展成严重的心理问题，如神经衰弱、焦虑症、抑郁症、网络成瘾等。

【典型案例】

小乐上大学前一直在“无菌室”里长大，她家庭条件优越，父母只给她定下一个目标——学习，家里的任何家务都不许小乐参与。小乐也很争气，初中、高中成绩一直遥遥领先，并顺利考入某名牌大学。新学期开始的时候，父母高高兴兴地把小乐送到大学。可没过多久，父母几乎每天都接到小乐的电话，她说自己洗衣服、打饭、打水都不知道怎么做，还一直“想家”“想爸爸妈妈”“想回家”。小乐的父母因担心女儿，便坐车来到学校看她，每次都带着换洗的衣物，还有她爱吃的饭菜。但久而久之，小乐的不适应更加严重，逐渐变成了恐惧，一回寝室就郁闷，有时还大哭，甚至不敢睡觉。

对策：鼓励学生从小培养独立自主、自力更生的能力；学校多组织集体活动，为新生创造接触新环境的机会；发现有生活不适应的学生，应及时给予关心和心理指导。

（二）有关学习的心理问题

大学生的主要任务是学习，而学习上的困难和挫折对大学生的影响最为显著。进入大学后，大学生除了学习一些本专业的课程外，还要学习社会需要的其他课程，加上各种等级证书考试、选拔考试、课业结业考试和竞争性面试等，使得他们一直处在紧张的学习状态中。大学与中学存在很大的不同，大学课程专业化、难度大、要求高，大学生的学习压力和竞争相应增大。一旦学业受挫，大学生便容易产生自卑、焦虑、沮丧等消极情绪，若不能及时解决，就会出现严重的心理问题。

大学生有关学习的心理问题主要表现在以下几点：①学习动机缺乏。学习动机是引发与维持学生的学习行为，并使之指向一定学业目标的一种动力倾向，由学习目标、学习态度和学习兴趣构成。有的学生认为考上大学就大功告成，缺失学习目标和抱负；有的学生学习态度不端正，认为“读书无用”；有的学生对大学学习生活感到无聊，对专业提不起兴趣，把大量的时间和精力花在了与学习无关的活动上。②学习压力过大。研究发现，适度的学习压力会使人身心健康、主观幸福感提升。但长期的、持久的、过大的学习压力会使学生产生过度的焦虑，学习效率降低。有的学生对自己要求过高、期望过大，过高的成就动机无形中给自己带来了压力；有的学生在大学继续沿用高中的学习模式，未学会自主学习，对专业课程的学习和掌握不够，容易出现挂科现象。③学习焦虑问题常见。学习焦虑是指大学生不能达到预期目标或不能克服学习障碍而导致的自尊心、自信心受挫，或由失败感、内疚感增加而导致的紧张不安、恐惧等情绪状态。有的学生学习目标过高，即使非常努力也与目标相差太远，以致心理压力增大，长此以往容易出现严重的学习焦虑。有的学生平时学习不认真，逃课、旷课，考试前才临时抱佛脚，往往出现考前焦虑。

（三）有关情绪情感的心理问题

大学生正处于青年期，性发育成熟是其重要的特征，逐渐产生了恋爱的需求，但如果这个问题处理不当，就会直接影响其心理健康，甚至学习和生活。大学生在情绪情感上的心理问题主要有两个方面。

1. 恋爱心理问题

大学生由于社会阅历浅，思想单纯，对人生目标和需要不够清楚，容易在对待恋爱时表现出简单、幼稚和不成熟。在择偶标准上，重外表而轻内在；在恋爱方式上，重形式而轻内容；在恋爱行为中，重过程而轻结果，重享乐而轻责任。大学生恋爱上不成熟，处理情感纠葛上缺乏经验，容易导致恋爱过程中的感情和思想发生变化。

一般来说，大学生的恋爱心理问题主要体现在以下几个方面：①单相思。单相思也叫单恋，是指不为对方所知的单方面的爱恋思慕，或一方倾心于另一方，却得不到对方回报的单方面的爱情。单相思往往使学生陷入痛苦的境地，处于空虚、烦恼甚至绝望中。如果单相思处理不好，还会影响今后的恋爱婚姻生活。②失恋。失恋是指恋爱过程的中断，它往往给当事人带来痛苦、忧郁、焦虑、自卑、悲愤甚至绝望等消极情绪，有的甚至因此失去生活的信心和勇气。③情感破裂后的报复心理。报复心理是指一个人行为受挫、自尊受损后心生怨恨、仇视，企图让施予者遭受痛苦，使之名誉受损、财产丧失、肢体受伤甚至生命终止的心态。大学生由于心智发育不够成熟，当感情出现问题时容易产生冲动行为，有的甚至失去理智，产生报复心理。

2. 性心理问题

性心理是指人类在性活动中伴随的各种心理活动和个性心理特征的综合心理因

素。大学生的性心理问题主要体现在以下两个方面：①性困扰。大学生性困扰的一个表现是性焦虑，主要是指大学生对自己的形体、性角色和性功能的焦虑。另一个性困扰是性冲动。性冲动是男女大学生生理和心理的正常反应，是在性激素和外界信息的刺激下产生的。有的大学生认为性冲动是一种不好的行为，常常采取压抑的方式以减少自身的罪恶感。②婚前性行为引发的心理问题。婚前性行为是指男女双方在恋爱期间发生的性关系。大学生在恋爱过程中由于一时冲动发生婚前性行为，甚至因此出现意外怀孕、堕胎、流产等，给恋爱双方造成恐惧、焦虑、担忧等心理问题。

（四）有关人际关系的心理问题

人际关系问题是高校心理咨询的主要问题之一。如何与同学和睦相处、建立友好和谐的人际关系是大学生人际交往面临的重要考验。大学生来自全国各地，每个人的处事态度和个性特征不同，再加上特有的封闭、羞怯、敏感、冲动等情绪，使大学生在人际交往中不可避免地遇到各种困难，从而产生焦虑、紧张、抑郁、困惑等心理问题。

大学生的人际关系问题主要表现为以下四个方面：①人际冲突。人际冲突是指大学生人际关系不符合大学生群体对其人际关系的基本认识，导致在大学生个体之间出现的人际关系的不协调现象，是一种比较常见的人际适应不良。②交往恐惧。交往恐惧是另一种较为常见的人际适应不良。存在交往恐惧的大学生往往不敢与人交往，不敢在大庭广众下发言，通常具有自卑、戒备、羞怯等心理问题。③沟通不良。沟通不良是大学生最为常见的冲突来源。例如，有的大学生在人际交往中我行我素，从不与别人沟通；有的尽管有良好的沟通愿望，却事与愿违，常常引起误解，造成人际交往障碍；等等。④自我封闭。大学生的自我封闭有两种情况，一种是不愿意让别人了解自己，在心理上人为设立屏障，孤傲处事，故意把自我封闭起来；另一种是尽管愿意与他人交往，但由于个人性格内向等原因，很难与他人走近，形成一种自我封闭的状态。

（五）有关求职与择业的心理问题

求职与择业代表着大学生活的结束，也是正式步入社会生活的开始。大学生要想在就业市场中脱颖而出，找到适合自己的工作单位，就必须不断提高自身修养和学术水平等，并与他人展开激烈的竞争，而这种竞争所产生的压力是大学生毕业期间面临的重要心理问题之一。

大学生求职择业方面的主要心理问题有：①焦虑。在激烈的就业市场竞争中，多数大学生会表现出不同程度的焦虑和恐惧心理。引起大学生焦虑的主要问题包括是否能找到一份理想的工作、用人单位对学习成绩的要求如何、是否存在性别歧视、面试中出现不公平的现象怎么办等。这些焦虑心理容易导致大学生的精神负担过重，产生紧张烦躁情绪甚至恐惧感，影响正常择业。②消极依赖。有的大学生习惯于依靠家长，自身缺乏独立性和自主性，在求职择业方面意识淡薄，表现出消极依赖的心态，求职的主动性差，择业目标不明确，容易在就业竞争中处于劣势。③期望值过高。这是大学生求职择业中普遍存在的一种心理误区。大学生在择业时对自身的定位出现偏差，一味追求那些经济收入丰厚、社会声望较高的职业或经济较发达的地区，结果往往事与愿违，找不到理想的工作。④盲目从众。有的大学生在择业过程中不能充分全面考虑自身实际情况，表现出盲目从众和趋新心态，选择的职业完全没有切合自己的能力和专业兴趣，导致择业受挫，延误或丧失就业时机。

三、大学生心理问题产生的原因

大学生的心理问题表现错综复杂，心理问题的成因也存在多个方面，既有其个体内部因素的影响，也有社会、家庭、学校等外部环境因素的影响。

（一）个体内部因素

大学生心理问题产生的个体内部因素主要体现在大学生的认知方式、人格特质、人际沟通、综合心理素质等方面。其中人格方面的缺失是导致大学生心理问题产生的一个重要原因。所谓人格缺失是指相对于正常人格的一种边缘化或亚健康状态。大学生的人际关系问题多数与其人格发展不完善有关。

自我认知出现偏差也是影响大学生心理健康的重要因素。大学生的自我认知是通过他人对自己的评价及对同龄人的认同感来获得的。当大学生受到消极的他人评价或对同龄人不认同时，会出现明显的内心冲突，引发自我情感的强烈变化，甚至出现自尊心受挫。该因素在大学生学业、求职、人际关系以及情绪情感方面都起着重要的影响作用。

（二）外部环境因素

1. 社会环境因素

当今社会高速发展，社会竞争的激烈化、人际关系的复杂化、生活节奏的快速化，都使大学生应接不暇。大学生要想在激烈的社会竞争中立足，就必须不断奋进、勇往直前，这在一定程度上加剧了大学生的心理压力，也容易让其在现实面前感到前途渺茫，产生巨大的失落感。当复杂的现实矛盾与大学生单纯、理想化的思想发生冲突时，大学生就会产生各种各样的心理困惑和心理问题。

2. 学校环境因素

大学不管在生活环境还是学习环境上都与中学明显不同。大学生活是独立的，但又具有集体特征，既要做到生活自理，又要有互帮互助的精神。大学生由于生活自理能力和集体生活经验较为缺乏，容易产生抑郁和焦虑情绪。同时，大学的学习环境也发生了很大的变化，对学生自主学习的能力要求较高，学习内容也丰富多彩，而在应试教育模式中长大的大学生普遍缺少综合素质的培养，适应社会、承受挫折的能力也相对不足，往往心理素质较差。

3. 家庭环境因素

家庭不当的教育方式和家长的不良影响是大学生心理问题产生的重要原因。一方面，父母的溺爱往往导致大学生缺乏经受磨难和挫折的经历，面临困境时意志力比较脆弱，心理承受能力较差。另一方面，父母对子女的期望过高，无形中给大学生带来沉重的心理负担。一项调查表明，半数以上的大学生感到父母对自己的期望很高，很多大学生努力学习的一个重要原因就是“为了不使父母失望”。

此外，家庭贫困、经济负担重也使一些大学生承受着更多的心理压力和负担，他们有的不得不通过勤工俭学、外出打工来维持生活和学习。调查发现，挑战困难和憧憬未来是贫困大学生心理成长的主线，他们除了要面对父母期望过高造成的焦虑感外，还要承受相对剥夺造成的自卑感和对未来就业困惑造成的抑郁感。

第三节　大学生心理问题的预防与干预

一、大学生心理问题的预防

健康的心理是大学生接受文化知识和思想教育的前提，是大学生正常学习、生活和工作的保障。大学生的心理健康问题不仅关系到大学生个人的发展与成长，更关系到整个社会的发展。为更好地保障大学生心理健康的发展，优化其心理素质，应注意从以下几个方面开展工作。

(一)加强大学生心理健康教育

良好的身体素质和健康的心理素质是高素质人才所必需的。大学四年正是大学生人生观、价值观形成的重要时期，高校应该高度重视，积极组织开展大学生心理健康教育工作，摆正大学生心理健康教育的位置，加大力度宣传和普及大学生心理健康教育的重要性。例如，从大学生的心理发展特点出发，开设相关的心理健康教育课程，系统科学地传授心理健康知识等，并在各学科教学中渗透心理健康教育知识等，使学生能够充分了解自身的心理健康状况，自觉有效地提高心理健康素质。

(二)建立大学生心理服务网络

尽管人们对大学生心理健康重要性的认识有所加深，各大高校也相继成立了心理健康咨询服务机构，聘任了专职或兼职教师承担具体的心理健康服务工作，但仍满足不了学生的需求。高校要想切实提高大学生的心理健康水平，一方面要充分发挥各院系的党团组织、学生社团、辅导员、班主任、学生干部的作用，建立校、院、系、班四级网络体系，及时发现和了解学生中出现的问题；另一方面要配备齐全的专职心理学教师、心理咨询工作者和医务人员，组建一支高素质、专业的、专兼职结合的心理健康教育师资队伍。

（三）启动大学生心理健康预警机制

高校大学生的心理健康教育应遵循预防为主、治疗为辅的原则，尽快建立和启动大学生心理健康预警系统，用专业化、科学化的方式进行危机管理、问题预警，以便对大学生的心理问题做到早发现、早干预。高校应定时定期对大学生开展心理健康测试，筛查可能存在心理问题的学生，为每名学生建立心理健康档案，并对存在心理健康问题的学生实施跟踪辅导，全面、有针对性地对学生开展咨询和辅导等。

（四）创建和谐健康的校园文化

构建校园文化是高校教育中的一个重要环节。大学校园文化是高校特有的精神环境和文化氛围，健康和谐的校园文化能够为大学生的心理健康成长提供良好的土壤，给大学生有益的精神启迪和积极的情绪影响，有利于大学生心理压力的释放和心理状态的调整。和谐健康的校园文化可激发大学生的内在心理活动，对大学生健康心理的形成产生潜移默化的影响，使其行为更加符合社会和自我发展的需要。

二、大学生心理问题的干预

（一）加大学校心理咨询和心理辅导的力度

心理咨询和辅导对于改善大学生的消极情绪，缓解大学生的心理压力，帮助他们在面对挫折时保持心理平衡具有重要意义。高校心理咨询的形式可以是多样化的，既可以开设心理咨询室，也可以开设心理咨询热线；心理咨询的内容既可以指导大学生正确处理学习、生活、交友、恋爱、求职、就业等方面的问题，也可以帮助学生筛查、诊断和治疗心理障碍和心理问题。

（二）有针对性地开展心理危机干预

心理危机干预指对处于心理危机状态的个体采取明确有效的措施，使其症状得到缓解，心理功能恢复到危机前的水平，并获得新的应对技能，以预防将来心理危机的发生。在处理大学生心理健康问题时，各高校应该高度重视心理危机干预，加大对其心理危机的监测和控制。高校对大学生普及心理危机干预知识的最佳方式也是最常用的方式，有举办心理危机干预讲座、开设大学生心理健康课程等。

（三）加强大学生自我心理调节能力

大学生在平时的学习和生活中要注重培养良好的人格品质，加强自我心理调节能力。大学生自我调节的方法很多，学校可以通过开设心理健康教育课程，教授学生自我调节的方法，让学生在遇到悲伤或忧愁的事情时能及时运用所学，适度表达、控制和管理自己的情绪，增强自我心理的改善能力，提高心理健康水平。

第四节　大学生积极心理素质的养成

一、大学生不良心理品质的表现

尽管当前大学生总体的心理品质是良好的，但仍有部分大学生存在一些不良的心理品质，严重影响其成长和成才。具体表现在以下几个方面。

（一）认知上存在偏差

认知偏差是指人们根据某一片面现象或虚假信息对自己或他人做出判断，从而出现判断失误或与真实情况不符的现象。大学生的认知偏差一般表现在以下几个方面。

1. 绝对化。指部分大学生倾向于从自己的愿望出发，对某一事物怀有认为必定发生或必定不会发生的信念。这种绝对化的认知方式常常与“必须”“应该”等词汇联系在一起，是一种非此即彼、非黑即白的思维方式。

2. 过分概括化。这种认识方式通常以一件事情的成败来评价自己或他人的全部方面。一些大学生很难接受自己或他人存在缺点或不足，过度追求完美，当出现一次失败或挫折的时候，就认定自己所有方面都是失败的。据调查，部分大学生会因为一件事情做得很糟糕而否定自己，觉得自己很无用。

3. 灾难性思维。存在这种认知方式的大学生往往会夸大事情的危害性和严重性，在他们看来，一件不好的事情的发生是非常可怕、非常糟糕的，甚至是一场灾难。灾难性思维会使大学生陷入不良的情绪中，如自责、焦虑、悲观、抑郁等。

【典型案例】

小明因一次恋爱失败，就全盘否定自己，认为没有人会喜欢自己，以后再也找不到合适的人了。他开始自暴自弃，做任何事情都提不起精神，出现抑郁、焦虑等情绪，甚至出现自杀的念头。

（二）不良情绪体验

大学时期是青春发育的后期，大学生的情绪易受生理、心理和客观环境变化的影响。这个时期大学生的情绪波动较大，不良情绪体验较多。具体表现有以下几点。

1. 情绪不稳定。大学生容易出现焦虑、烦躁情绪，表现为面对和处理挫折的能力较差，遇到一次小的失败就会怀疑和否定自己。

2. 情绪反应强烈。大学生由于接触社会的机会较少，人生阅历较浅，面对突发事件时易怒、容易冲动，情绪反应强烈，容易表现出攻击行为。

3. 负面情绪调节能力差。大学生在面对激烈的竞争和难以解决的矛盾时，容易产生抑郁、焦虑等不良情绪，这是因为他们的自我情绪调节能力相对较差，情绪受周围环境的影响较大。

（三）意志力薄弱

大学生意志力薄弱主要体现在三个方面。

1. 追求理想的意志力不够坚定。大学生富有朝气和理想抱负，但部分大学生缺乏坚定的意志力和顽强拼搏的精神，在追求理想和抱负的过程中往往容易退缩，有的甚至选择放弃。

2. 挫折承受能力较差。大学生面临着学业、情感、人际关系、经济和就业等方面的压力，部分大学生在处理这些问题时表现出承受挫折的能力较弱，有的甚至一蹶不振，严重的还会发生自杀等极端行为。

3. 自制力较弱。当前大学生家庭条件和环境都相对优越，生活磨砺较少。在多媒体快速发展的今天，大学生由于自制力相对较弱，往往容易出现“网络依赖”现象。

二、大学生积极心理品质提升的对策

大学生积极心理品质的积极性、创造性、适应性和稳定性决定了其提升是一个长期的、潜移默化的过程，其提升的成效需依靠内外力量共同展现，同时也体现了大学生积极心理品质的提升是多角度、多层次的。因此，解决当代大学生积极心理品质发展中的问题，需要社会、学校、家庭和大学生个人四方面的共同努力，全方位进行有效的支持。

（一）提升大学生自身素质

1. 正确认识自我。从个体的角度讲，大学生的个人成长需要自身不断努力，充分发挥自我主观能动性，积极认识自我、分析自我和管理自我。其中积极认识自我是发展自我良好品质的基础，包括悦纳自我。大学生应学会接纳自己、欣赏自己，在此基础上体验价值感和满足感，理智和客观地看待自身的长处和不足，冷静地对待生活中的得失，不断提升、发展和完善自我。

2. 以积极的情绪体验合理调节情绪。大学生的自我情绪调节是大学生根据自身情况及周围环境，对自己的情绪进行管理和调节的过程。一般而言，正向情感越多，心理健康水平越高。因此，大学生要有意识地培养积极思维，用积极的心态和眼光看待与处理问题。同时，要主动创设产生积极情绪的环境和情景，共同创造一个友好和谐的学习和生活氛围。

（二）获得社会和家庭的支持与配合

1. 完善社会支持系统。社会是一个整体，社会成员的心理和谐有利于社会的健康和谐发展，而积极的心理品质是构建心理和谐的基本因素。构建大学生积极心理品质的社会支持系统，可有效预防和减少大学生心理健康问题的发生。同时，社会支持系统还可以帮助大学生迅速适应各种环境、提高应对变化的能力、改善人际关系，从而提高大学生参与社会的自信心和适应能力。

2. 树立积极的家庭教育理念。家庭在大学生的个性和社会性成长中扮演着重要的角色，家庭教育以独特的方式在大学生的日常生活中影响着其性格和心理品质的形成和发展，家庭的正向支持和父母的积极引导是提升大学生积极心理品质的重要途径。因此，家长要树立正确的观念，教育孩子正确对待成功和失败，积极参与学校组织的活动，引导孩子做生活的强者，提高自身耐挫力和韧性，让孩子在生活中不断自我历练和成长。

(三)发挥学校“以学生为本”的教育理念

重视大学生积极心理品质的培养是高校健康教育发展的必然趋势，也是高校培育全面发展的优秀人才的必经之路。高校应坚持“以学生为本”的教育理念，做到以下几点。

1. 优先树立积极的心理健康教育理念。传统的心理健康教育不足以关注到学校中的每一名学生。积极的心理健康教育以全体学生为教育对象，强调一切从“积极”出发，注重关注每名学生的积极潜能，对学生心理品质的开发重点也放在了培养学生内在的积极心理品质和潜能上。树立积极的心理健康教育理念，不仅会培养大学生积极的主观感受和体验，还会激发大学生的内在积极力量，帮助他们发展综合技能、提升主观幸福感。

2. 营造积极多彩的校园心理环境。大学生积极心理品质的提升需要从实际出发，其积极心理品质的培养应该覆盖到学校教育的各个方面。高校可根据大学生自身的特点，如活泼爱动、创造力强、好奇心重等，组织和开展各式各样、丰富多彩的校园文化活动、社会实践活动和社区服务活动等。除专业课程的学习之外，高校可以开设各种文艺娱乐课程，组织诸如辩论赛、专业素质文化大赛、综合性文艺演出等活动，丰富大学生的课外生活，培养他们的动手能力、创造能力和艺术表现能力，使学生在学习之余能够尽情释放潜能、展现自我。

【延伸阅读】

积极情绪档案袋

积极情绪大体可分为喜悦、感激、宁静、兴趣、希望、自豪、逗趣、激励、敬佩以及爱 10 种，可以选择其中的一种或几种积极情绪建立档案袋。具体做法是把那些在自己和每一种积极情绪之间建立类似联系的事物放在一起，装进一个档案袋。档案袋中可以包含照片、信件、卡片或者带有深刻个人意义的物品。

建立积极情绪档案袋有两个关键点：一是要把积极情绪档案袋视为生活的记录，不断地去更新它们；二是带着感知力和它们互动，认准一个目标，即唤醒自己的心去面对自己所寻求的积极情绪。

创建和使用积极情绪档案袋的 10 个窍门：

①保持真诚，让自己的积极情绪的产生是由衷的而不是强迫的。

②拓展自己的积极情绪档案袋的深度，收纳多种物品。

③制作多个档案袋，不要单独地依赖于特定的一种积极情绪。

④让自己的档案袋随着时间的推移而不断发展，不断对它们进行添加。

⑤始终把自己的档案袋放在手边。

⑥当感到被一种消极情绪拖累时，拿出自己的档案袋。

⑦带着觉知力和开放的心态来对待自己的档案袋。

⑧保持一种轻松的、心理上的接触，不要特意分析它。

⑨当一个档案袋失去功效时，及时更换另一个。

⑩问自己："为了培养这种感觉，我现在可以怎么做?"

思考题

1. 名词解释

心理健康；积极心理品质。

2. 简答

(1)简述大学生心理健康的标准。

(2)简述大学生积极心理品质的维度，并列出自己身上所拥有的积极心理品质。

(3)简要说明作为大学生应该如何提升自身的积极心理素养。

3. 想一想，你所遇到的让你感到困扰的心理健康问题有哪些？你是怎样克服的？

第五章 生殖健康与婚前教育

本章导读▶

本章重点关注大学生的生殖健康教育和婚前教育问题，简要介绍了生殖健康和性健康的概念，指出开展大学生生殖健康教育的意义。阐述了大学生性心理和性行为的特点、表现、产生原因，以及常见的性传播疾病，重点对大学生的恋爱观、恋爱特点及恋爱心理进行剖析，并简要指出应如何加强大学生性健康教育。本章的学习有助于大学生了解和掌握生殖健康的相关知识，促进大学生形成对性健康的正确认识，对改善和提升大学生性心理健康乃至整个身心健康具有重要意义。

第一节 大学生生殖健康概述

一、大学生生殖健康的概念

(一)生殖健康的概念

生殖健康涉及生殖过程、生殖功能和生殖系统的健康，并且意味着享有负责的、满意的、安全的性生活，有生育能力并有选择生育的自主性。1994 年 9 月，联合国国际人口与发展大会通过的《行动纲领》中指出，生殖健康是指在生殖系统及其功能和过程所涉及的一切有关身体、精神和社会等方面的健康状态，而不仅仅是没有疾病或不虚弱。由此可见，生殖健康不仅是生物医学上的概念，更是扩大到了社会科学的范畴。2005 年，人口与发展国际援助研讨会上发布的《苏州宣言》提出要确保到 2015 年普及生殖健康服务，加大对性健康和生殖健康的投入，并将其纳入实现千年发展目标的有关战略。可见，大学生所面临的性与生殖健康问题日渐成为全球公共卫生领域关注的焦点。

大学生正处于生殖系统发育的后期，他们面临着在异性交往、恋爱过程中出现的性需求、性行为、意外妊娠、不安全流产、感染性疾病和艾滋病等性与生殖健康问题。由于生殖健康是持续终身的，因此，大学生要学会在所处的社会、文化和经济等背景下正确看待性与生殖健康问题，获取科学的生殖健康信息和咨询服务。

(二)大学生生殖健康教育的意义

大学生的生殖健康是人类总健康的重要组成部分，贯穿大学生的整个生命周期，直接影响着大学生的身心健康，并对促进家庭和社会的健康发展起着重要的作用。因此，无论是出于大学生的生理和心理需求，还是社会的需要，对大学生群体开展性与生殖健康教育都对促进大学生的全面健康发展具有重要意义。

1. 有助于大学生的社会化发展，促进其健康人格的形成

开展大学生生殖健康教育、普及性知识，有利于增强大学生的社会责任感。大学生掌握正确的性与生殖健康知识，树立正确的性责任感，有助于积极促进其社会化的发展和健康人格的形成。

2. 有助于大学生自我保健意识的提高，减少性问题和性疾病的发生

开展大学生生殖健康教育能够使大学生掌握一定的性与生殖健康的保健知识，减少遭受性侵害和意外妊娠的风险；还能使学生掌握一定的性病和艾滋病的预防等知识，避免草率陷入危险的性活动中，避免遭受性病和艾滋病等疾病的侵害。

3. 有助于大学生建立正确的性心理机制，提升性健康意识

开展大学生生殖健康教育能够使大学生科学、正确地认识性与生殖健康问题，

端正性态度、纠正性偏见和性随意性，将性行为控制在符合社会道德规范的范畴内，建立正确的性心理机制，明辨是非，抵御不良性影响和性诱惑，提升性健康意识。

二、性健康的概念

性健康是指具有性欲的人在躯体上、情感上、知识上、信念上、行为上和社会交往上健康的总和，它表现为积极健全的人格、丰富和成熟的人际交往、坦诚与坚贞的爱情和夫妻关系。性健康意味着人们对性生活采取积极的态度，从躯体、情感、社会、精神等各方面得到满足，进而增进和改善性生活质量和人际关系。

性健康包括能够根据社会道德和个人道德观念享受性行为和控制生殖行为的能力；消除会抑制性反应、削弱性能力、损害性关系的消极心理因素；没有器质性障碍、各种生殖系统疾病及妨碍性行为与生殖能力的躯体缺陷；具有预防性传播疾病和艾滋病的能力；具有防止意外妊娠的能力；等等。要之，性健康包含生殖健康、性心理健康和性生理健康三方面内容。

第二节　大学生中常见的性(生殖)问题

一、大学生性心理和性行为

(一)大学生性心理和性行为的特点和表现

大学生处于由青年期，身体各项机能趋于成熟，大学阶段是对性及性知识最为渴望的阶段，对性观念的形成影响重大。当代大学生的性心理和性行为发生了明显变化，其特点表现为以下几方面的矛盾：①性器官和性生理迅速发展与性心理尚未成熟的矛盾；②对恋爱的渴望与对异性心理了解不深的矛盾；③性的身心需求与社会规范和道德责任的矛盾；④开放的性观念与表面的文饰性的矛盾；⑤情感依赖较重与心理承受能力较薄弱的矛盾。

大学生的性心理和性行为表现主要体现在五个方面：①性焦虑。指由于缺乏性知识等原因而对性行为产生的焦急、忧虑和不安的情绪状态。大学生的性焦虑主要是指对自己形体、性角色和性功能的焦虑。②性冲动。是在性激素刺激和内外环境刺激的共同作用下产生的对性行为的渴望和冲动。性冲动不局限于性器官，还涉及整个身体和心灵。性冲动是男女大学生生理和心理的正常反应，大学生对待性冲动的处理方式往往采取压抑、升华、宣泄的方式。③性梦。又称春梦，是指人在睡眠中出现的带有各种性内容色彩的景象。青春期男女生一般都有这种体验，性梦在青年中普遍存在。性梦被认为是在潜意识中被压抑的性欲望冲动的自发暴露，是性心理和性生理发育正常的标志。④性幻想。也称性想象，是指人在觉醒状态时，在大脑中进行自我满足的性活动，又被称为“意淫”，是带有性色彩的精神自慰行为。性幻想一般分为不伴有性行为的性幻想、伴有性自慰的性幻想和伴有性生活的性幻想三种情况。据调查，大学生性幻想的发生率为86%，不同专业、不同年龄的学生发生性幻想的频率大致相仿。⑤性自慰。俗称手淫，是指用手或其他器具、其他方式刺激性器官以获得快感，宣泄性冲动的一种方式，也是大学生常见的一种性行为。

【典型案例】

小赵是某高校大一的学生，入校的第一天就被专业课的任课男教师深深吸引，并陷入无法自拔的状态。每当该教师站在讲台上讲课，小赵就会产生强烈的感情冲动，不能自已，在闲暇时间也会不自觉地想象与该教师亲密的情景，并通过这种想象满足自己的精神需求，以此作为感情寄托。时间一长，这种精神的幻想成了小赵生活的一部分，且伴随复杂的罪恶感，严重影响了她的日常的生活和学习。

分析：小赵的问题是明显的性幻想，以虚构的性对象来满足自己的心理需求。尽管性幻想是一种正常现象，但如果过分沉溺必然会损害身心健康。建议正确对待性幻想，用正确的方式、正确的心态处理感情问题。

(二)大学生性心理和性行为问题产生的原因

1. 性知识匮乏。受我国传统观念的影响，性与生殖健康教育在国内所受的重视程度还不够。大学教育中缺乏关于性与生殖健康方面的专业课程以及专门从事性与生殖健康教育的师资力量，导致大学生缺乏获取性知识的有效途径。性知识的匮乏极易造成大学生性心理障碍。尽管随着多媒体的发展，大学生获取性知识的途径变得多样化，但这些资料中往往带有不健康或错误的性知识，由于大学生鉴别能力有限，很容易误入歧途。

2. 性认知偏差。随着社会的进步，尽管人们对性的认识发生了变化，但由于受我国传统保守性观念的影响，有些大学生对性的认知仍存在偏差，把性看成下流、肮脏、难以启齿的。加上性活动本身既是一个个体行为，也是一个社会行为，受社会道德的约束较深。大学生在这种性认知和社会道德的影响和约束下，往往出现对性情感、性态度的敏感、禁忌、矛盾和冲突，导致他们无法正确做出自我评价，从而引起一系列性心理问题和性心理障碍。

(三)大学生性心理和性行为调适

1. 接受正规性教育，用科学的性知识和性道德保护自己。性教育对大学生的成长至关重要，大学生应正视性教育，主动通过正规的渠道了解、学习和掌握性知识。通过接受性教育，大学生可以正确认识和理解性心理和性行为表现，树立科学的性观念，使性行为符合社会道德和社会规范。

2. 正常、健康地与异性交往，积极合理宣泄性情感。大学生应注意培养正常、健康的人际关系，在人际交往中收获爱情、友谊和快乐。与异性的交往应建立在对异性正常的认知和兴趣上，要彼此尊重，自然相处，消除对异性的神秘感。

3. 及时接受心理咨询，解除性心理困扰。心理咨询是帮助大学生解决性心理问题的便捷有效的方式。学校应建立系统完善的心理咨询体系，为有性心理困扰的大学生制订完备有效的方案，帮助大学生及时解除性心理困扰。

二、性传播疾病

性传播疾病已成为世界各国面临的严重的公共卫生问题。据 WHO 统计，全球每天大约有 100 万人感染性病。在我国，性传播疾病已成为第二大常见传染病。大学生是性传播疾病防治的重点人群。

性传播疾病，又称性病，是以性接触为主要传播方式的疾病。世界卫生组织将各种通过性接触、类似性行为及间接接触传播的疾病统称为性传播疾病。较为常见的性传播疾病有淋病、梅毒、非淋菌性尿道炎、尖锐湿疣、沙眼衣原体、软下疳、生殖器疱疹、滴虫病、乙型肝炎和艾滋病等。下面介绍几种常见的性传播疾病。

(一)艾滋病

艾滋病的中文名称为获得性免疫缺陷综合征（Acquired Immune Deficiency Syndrome，AIDS)，是一种危害极大的传染病，由人类免疫缺陷病毒(HIV)感染引起。近年来，艾滋病病毒新发感染呈年轻化趋势，15～25 岁青年学生中感染艾滋病病毒的人数增长率升高。

艾滋病传播的途径有三种。①性接触传播，即一个人可通过与另一个人的性交行为而感染艾滋病病毒，包括异性间性接触传播和同性间的性接触传播，肛交、口交有着更大的传染危险。②血液传播，包括与静脉注射毒品的人共用未经过消毒的注射器；输入或注入被艾滋病病毒污染的血液或血液制品；使用被艾滋病病毒污染且未经消毒的注射器、针灸针以及其他可刺破皮肤的医疗器械，如口腔科器械、接生器械、外科手术器械等。③母婴传播，也称为围产期传播，即感染了艾滋病病毒的母亲在产前、分娩过程中及产后哺乳将艾滋病病毒传染给胎儿或婴儿。艾滋病病毒可通过胎盘，分娩时通过产道，也可通过哺乳进行传染。在这三大传播途径中，性传播和血液传播是主要的传播途径。

值得注意的是，一般性的日常生活接触不会传播艾滋病。如咳嗽、打喷嚏、握手、拥抱、抚摸、礼节性亲吻；与艾滋病病毒感染者一起游泳、一同进食、共用饮具、餐具、浴盆、浴池和电话机等；蚊虫叮咬也不会传播艾滋病。

尽管目前还没有治愈艾滋病的药物和方法，但艾滋病仍是可以预防的。在预防艾滋病方面应做到以下几点：①自觉学习有关艾滋病和艾滋病病毒感染方面的知识，全面了解艾滋病的病因、危害及传播途径，树立正确健康的性观念，规范自身的性行为。②增强自我保护意识，不擅自使用未经检验的血液制品、未经过严格消毒的医疗器械；不与别人共用牙刷、剃须刀及其他容易传递污染血液的生活用品等。③

要洁身自好，遵守性道德，不搞卖淫嫖娼等违法行为。④怀疑自己或对方受到艾滋病病毒感染时要尽早到正规医院就诊。⑤进行艾滋病自愿咨询检测。通过咨询，在充分知情和完全保密的情况下，自愿选择是否接受HIV抗体检测、改变危险行为及获得相关服务，有利于最大限度地发现艾滋病病毒感染者和艾滋病病人，控制艾滋病的流行和传播。

（二）淋病

淋病是淋病奈瑟菌（简称淋球菌）引起的以泌尿生殖系统化脓性感染为主要表现的性传播疾病。主要通过性交接触传播，偶可通过接吻以及污染的衣裤、被褥、寝具、浴盆和手等间接接触传播。

淋病的预防和治疗有以下措施：①加强性病防治宣传教育，提倡洁身自好。②患病后及时治疗，注意隔离消毒，未治愈前避免性生活，防止交叉感染，坚持疗效考核，并定期复查。③保持日常清洁卫生，尤其是阴部局部卫生。触摸患处后，须对手部进行清洗和消毒。

（三）梅毒

梅毒是一种常见的、由梅毒螺旋体引起的慢性、系统性性传播疾病。青少年是该种疾病的高发人群。

梅毒的病因包括先天性梅毒和后天性梅毒，在临床上可表现为一期梅毒、二期梅毒、三期梅毒、潜伏梅毒和先天梅毒（胎传梅毒）等。梅毒主要通过性接触直接传播，绝大多数通过危险的或无保护的性行为传染，少数可通过间接接触传染。梅毒早期以外生殖器糜烂、外发皮疹、筋骨疼痛、皮肤溃烂为主要表现，晚期则表现为精神异常、神情呆滞等。

梅毒治疗的关键是及时发现、主动就诊、尽早开始正规治疗。在梅毒的防治上应做到：①注意个人卫生，养成良好的卫生习惯。不去无卫生保障的公共浴池、足浴中心，不与他人共用毛巾、餐具和剃刀等，不接触已污染的衣物。②洁身自好，做好保护措施，杜绝不洁性交，杜绝多个性伴侣。③不去卫生条件差的机构文身及使用消毒不严格的医疗器械等。④如发现皮疹、生殖器破溃、水疱等可疑症状，要及时到正规医疗卫生机构就诊。

（四）生殖器疱疹

生殖器疱疹是一种较为常见的性病，是由单纯疱疹病毒引起的。生殖器疱疹主要通过性生活传染，也可通过母婴传播、间接性接触传染等。生殖器疱疹表现为局部呈一簇或多簇的痛性水疱，可周期性反复发作，对患者的健康和心理影响较大。生殖器疱疹的复发与一些诱因有关，如饮酒、辛辣食物、疲劳、感冒、焦虑、紧张、性交、月经等。

生殖器疱疹有一定的潜伏期，一般为2～20天，平均潜伏期为4～5天，故早期不易发现。生殖器疱疹对女性而言多见于大小阴唇、阴蒂、阴阜、子宫颈等处，亦见于阴道口，男性好发于阴茎包皮、冠状沟及龟头部位，常伴有全身不适感、低热、头痛等全身症状及局部淋巴结肿大。生殖器疱疹如未及时得到治疗会引起并发症，如排尿困难、尿潴留、子宫内膜炎、前列腺炎等。

生殖器疱疹的防治有以下几种措施：①保证充足的睡眠，劳逸结合；调节饮食结构，少食辛辣油腻食品，多进食一些富含蛋白质和维生素的食品；锻炼身体，增强体质和免疫力。因为规律的生活习惯、适当的体育锻炼、良好的心理状态、避免诱发因素是减少和预防生殖器疱疹及其复发的重要措施。②避免不洁性交和不正当性关系，减少感染机会。生殖器疱疹患者要绝对禁止与任何人发生性关系。③讲究卫生，每日清洗外阴部位，勤换内裤。提倡淋浴，不使用盆浴，洗浴后不直接坐在公共浴池的座椅上；在公共厕所尽量使用蹲式马桶，如厕前要洗手。④如身边有人患生殖器疱疹，应建议其去正规医院接受检查和治疗，患者的内衣、床单、被患者分泌物污染的用具需煮沸或用消毒液浸泡消毒。

第三节　大学生的婚前教育

一、大学生恋爱观健康教育

恋爱与婚姻是人生重要经历之一。恋爱被认为是互相爱慕的双方基于一定的经济基础与感情基础产生的与对方一起生活的强烈渴望，愿意成为对方终身的伴侣。而恋爱观是人在恋爱过程中表现出来的对恋爱问题的基本观点和情绪体验，是人们对待爱情的一种认识心理，是人生观和价值观的集中体现。大学生的恋爱观是大学生对恋爱行为的根本看法、基本观点和行为准则。

(一)爱情

爱情是两个个体之间基于一定的社会关系和共同的生活理想，在各自内心中形成的对对方最真挚的倾慕，并渴望对方成为自己终身伴侣的最强烈的感情。它是双方在交往过程中产生的一种高尚情感。爱情一般由两部分组成，即建立在性欲之上，对他人具有倾慕、珍惜之情的情爱；由个体间所产生的依恋、理想、情操和个性追求等复杂因素混合升华而生成的情爱。

美国心理学家斯腾伯格提出的爱情成分理论认为，人类的爱情由三个基本成分构成：激情、亲密和承诺。激情是指一种情绪上的着迷，是爱情中的性欲成分。影响激情的重要因素是个体的外表和内在的魅力。亲密是指两个人心理上相互喜欢的感觉，包括对爱人的欣赏、照顾爱人的愿望、自我的展露、内心的沟通等。承诺是指个人内心或口头上对爱的预期或担保，是爱情中最理性的成分。这三种成分构成了喜欢式爱情、迷恋式爱情、空洞式爱情、浪漫式爱情、伴侣式爱情、愚蠢式爱情、完美式爱情七种类型。这三种爱情成分缺一不可，只有它们同时存在，才能形成稳固的关系，感情才能稳定下来。因此，激情、亲密和承诺三种成分形成的理论又被称为“爱情三角形理论”。

(二)大学生恋爱特点及心理问题剖析

随着社会观点的变化，大学生对待恋爱的态度亦发生了变化，恋爱问题已渗透到大学生生活、学习的各个方面。

1. 大学生恋爱的特点

大学生产生爱情和开始恋爱是一种自然的、正常的现象。作为文化层次较高的青年群体，大学生在恋爱上有属于自己的特点，具体主要体现在以下几个方面。

(1)普遍化。大学生恋爱已不是少数人的“特权”，而是形成了一股“恋爱热”“恋爱风”。据调查，高校中95%的学生赞成谈恋爱，大学生中已谈恋爱的人数占总人数的三分之一，高年级学生的恋爱率更是高达50%～60%。

(2)低龄化。大学生恋爱已出现了明显的低龄化的现象。大学生刚步入大学校园，对一切都充满了好奇，尤其对恋爱更是充满渴望。有的大学生进校后的首要任务就是谈恋爱，“年龄小、胆子大、热情高、速度快、敢实践”成了一些大学生恋爱的表现。

(3)公开化。大学生恋爱已不再是含蓄、深沉、鲜为人知的，而是已不再考虑他人的评价，逐渐由“地下”转为“公开”，更加趋向开放和公开化。

(4)开放化。在西方性开放思想的冲击下，传统的贞操观已在大学生的思想观念中逐渐淡化，大学生对性行为的理解和态度更加超前和宽容。

2. 大学生恋爱的心理问题剖析

大学生恋爱的现象普遍存在。爱情很美好，恋爱很甜蜜，但也不能忽略大学生恋爱中存在的问题，应对此进行沉着冷静、积极客观的剖析。

(1)爱情错觉与单恋

爱情错觉是指在异性间的接触关系中，因受对方言谈举止或自身的各种主观体验的影响而错误地主动涉足爱河，或错误地认为某个异性对自己有意思而产生的爱情降临的主观感受。单恋是爱情错觉的产物。单恋又称单相思，是指一方对另一方以一厢情愿的倾慕和热爱为特点的、不被对方知晓或接受的爱情。

爱情错觉和单恋是大学生恋爱心理中的一种认知和情感失误，在大学生中普遍存在。进入大学后，异性间的接触机会增多，有的大学生会把男女双方正常的交往和友谊误认为是爱情。陷入单恋和爱情错觉的大学生容易陷入空虚、烦恼、痛苦甚至绝望的境地，如果处理不好还会对将来的恋爱婚姻生活产生消极的影响。因此，大学生要正确理解爱情的含义，努力克服单相思和爱情错觉。

(2)恋爱盲目性和从众心理

随着社会环境的变化，大学生谈恋爱目的也随之发生变化，恋爱盲目性增大。

大学生谈恋爱的动机有的并不是出于爱情本身，而是为了弥补内心的空虚和孤独感。有的大学生看到别的同学都恋爱了，自己也得恋爱，否则很没面子，很自卑，随大流的从众心理明显。有的大学生基于这种恋爱的盲目性和从众心理，很少把恋爱行为与婚姻结合起来考虑，缺乏基本的责任心和责任感，还有的甚至与谁都不确定恋爱关系。这类恋爱心理极易引起恋爱双方的感情纠纷和矛盾，出现恋爱冲突，甚至可能酿成爱情悲剧。因此，大学生在对待恋爱问题上，应从自身的情感出发，对待爱情要慎重，要有责任心，杜绝盲目从众。

(3)恋爱动机片面性和功利性

随着社会竞争的日益激烈，大学生就业压力增大，部分大学生变得非常务实，在选择恋爱对象时考虑更多的是物质层面的东西，如对方的家庭地位、经济条件等，恋爱动机出现片面性。此外，当今社会上一部分人的爱情取向较为功利，部分大学生也受到了影响。有的大学生的爱情并非两情相悦，而是建立在功利的角度上，贪图享乐，意图不劳而获。功利型恋爱观会严重影响大学生的身心健康和学业，不利于校风学风和社会风气建设。

(4)依赖心理

部分大学生存在一种依赖心理，包括生活学习上的依恋和情感上的依恋。在上大学之前依赖父母和老师，上大学后，父母和老师都不可能给予其过多的依赖，于是，一些大学生就把这种依赖心理建立在了恋爱关系中，想通过谈恋爱获得依赖感。然而，有的学生一旦陷入热恋中，由于不善于控制自己的情感，便任由感情随意放纵，过分依赖对方，当恋爱关系受挫时就会情绪失控，痛苦万分，对学习和生活造成严重影响。因此，大学生在处理恋爱关系时要保持相对独立性，学会合理控制个人情感，避免过分依赖对方。

(三)大学生健康恋爱观的培养

爱情是人类精神最深层的冲动。恋爱在很大程度上可以改变一个人的观念和行为，恋爱心理越健康，对人的积极改变就越多，反之就会带来消极的影响。因此，正确对待大学生的恋爱问题，积极教育引导大学生处理好恋爱中的各种关系、树立正确的恋爱观，培养大学生的健康恋爱心理，对于大学生今后的成人和成才具有至关重要的意义。

1. 端正恋爱态度，树立正确的人生观

大学生要明确恋爱的目的，端正恋爱态度，认识到恋爱对象的选择更是一个复杂的过程，既不能忽视经济、政治、文化和个性等因素，更要建立在共同的理想、共同的品德和情操的基础上。大学生作为国家未来的栋梁，其恋爱观应该是理想、道德、事业和性爱的完美结合。

2. 摆正爱情与学业的关系

爱情尽管在人生中占有重要的位置，但它并不是人生的全部。对于大学生而言，

大学阶段是掌握和积累科学知识、培养基本技能和能力的关键时期，是成才立业的最佳阶段。大学生在这一时期具有年龄、精力、体力和创造力等多方面的优势，应坚持把学业放在首位，摆正爱情与学业的关系，将主要精力放在学习上，不能因谈情说爱而耽误学习。

3. 培养爱的能力和责任感

树立健康的恋爱观，还应注意培养大学生爱的能力和责任感，具体包括迎接爱的能力、拒绝爱的能力和发展爱的能力。其中迎接爱的能力包括施爱的能力和接受爱的能力。大学生不仅要能够表达心中的爱，还要能够及时准确地应对别人的施爱。大学生具有迎接爱和拒绝爱的能力，就要懂得爱的含义，树立正确的恋爱价值观，在面对爱情时要有承受爱和被拒绝的心理承受能力。同时，大学生还要发展爱的能力，培养爱的责任感，既要培养无私品格和奉献精神，还要培养处理恋爱矛盾和冲突的能力。

4. 正确处理恋爱挫折

爱情是双向的、相互的，以恋爱双方的爱情为基础，当失去一方时，爱情就失去了平衡，恋爱即宣告终止。大学生要正视现实，以积极的心态面对失恋问题。同时要学会换位思考，理解对方终止爱情的原因。当爱情失去时，要学会适当宣泄失恋带来的负面情绪，积极调节失恋的痛苦和不良反应，应尽快将失恋转化为一种奋发向上的动力，及时投入学习当中，积极寻找生命的意义。

二、大学生性健康教育

性不仅是一种生物本能，还是一个人对待性的态度，是一个人人格成熟的体现。性作为一种生理、心理和社会现象，影响着每一个人的健康成长。性健康教育是对两性关系及性生活方式的教育。性健康教育的目的在于使受教育者在性生理和性心理上保持健康，性行为能够符合社会伦理道德要求，最终实现两性间的和谐生活。加强大学生的性健康教育有助于大学生正确认识性问题，是改善和提升大学生的性心理健康乃至整个身心健康的重要途径。

(一)掌握科学的性知识

性健康教育主要包括性知识教育、性观念教育和性道德教育。开展大学生性健康教育首先要教育大学生掌握科学的性知识，帮助大学生了解自己的性生理和性心理发展特点。大学生的性知识教育包括性生理知识和性心理知识两部分。性生理知识是关于性与生育的全部生物学知识，如男女性的身体构造、青春期发育、卫生常识、性病艾滋病防治、生育知识和避孕知识等。性心理知识是关于人在性行为中的心理活动及规律的知识，如恋爱心理、异性交往心理、生育心理、性别角色心理及性变态心理等。大学生学习性生理知识有利于减少对性的神秘感、好奇感，降低性压力；掌握性心理知识则能帮助大学生学会承担自己的性别角色，正确对待性心理和性冲动。

(二)文明适度的异性交往

异性交往是人际交往的重要方面，在大学生的成长过程中必不可少，是大学生走向成熟的自然表现。大学生性健康教育要重视大学生的异性交往关系，引导大学生以健康的方式开展异性交往。大学生与异性的健康交往不仅可以满足大学生的生理和心理发展需要，还可促进其性心理的健康发展。

大学生在与异性的交往中要注意自然和适度的原则。建立正常的异性关系的前提便是消除异性交往中的不自然感。自然原则即在与异性交往中，言语、表情、行为举止、情感等做到自然顺畅；而适度原则是指异性交往的程度和方式要恰到好处，应为多数人所能接受。大学生在异性交往中要做到这两项原则，具体应注意以下几点：①举止大方。大学生在与异性交往中应讲究自然原则，举止大方，既不过分拘谨，也不过分夸张；既不盲目冲动，也不矫揉造作。②不过分亲热。在与异性交往中，大学生要坚持适度原则，言行举止留有余地，严格把握双方的关系程度。③遵守习俗。大学生与异性交往的方式要适合当前的社会心理，应多通过集体活动交往，如需单独相处，应尽量选择宽敞开放的环境或场所，不要在偏僻、昏暗处单独长谈。④坚守性道德原则。在异性交往中女生要保持自尊自爱，男生要矜持自制。尤其当与异性单独相处时双方都要坚守性道德原则，善于克制和学会自我保护。

(三)远离性骚扰

性骚扰是一种极不道德的行为，是指带有性暗示的言语或动作，实施者往往通过利诱和威胁，迫使他人屈从于自己的性意志，满足其变态的性侵犯的奢望。

开展大学生性健康教育，让大学生了解遭受性骚扰的原因，有利于大学生远离性骚扰威胁。除了要加大高校对防范性骚扰知识的宣传、完善制裁性骚扰的法律法规外，大学生还要从自身做起，提高性骚扰防范意识，学会对性骚扰的自我保护，远离性骚扰。具体应做到以下几点：①维护自身的自尊、自重、自爱的自我形象，做到举止大方、行为得体。②晚上尽量不要单独外出，更不要单独在男性家中或住所停留太长时间。对异性的非分要求要学会说“不”、敢于说“不”。③面对性骚扰要以严厉的态度制止和反抗，并及时向他人呼救或向公安部门寻求帮助。④如遭遇性骚扰，要及时宣泄，排除自己的心理困扰和不良情绪，严重者可寻求心理咨询。

【延伸阅读】

女性经期保健

1. 自我调节心理状态，保持情绪稳定

月经前出现烦躁、激动、情绪不稳定等轻微的神经和情感反应称为“经前期紧张综合征”，因此要对情绪进行合理的宣泄，如听音乐、看电影、找朋友倾诉等。需要注意的是，情绪不佳或者精神紧张会引起月经失调，加重腹痛、腰酸等生理反应。

2. 注意保持个人卫生

经期子宫内膜有创面，阴部抵抗力下降，易受细菌感染。因此，应选择透气性好的纯棉内裤，同时每天宜用温水清洗外阴。此外，应购买国家卫生部门允许出售的卫生巾，使用时每1～2小时更换一次。

思考题

1. 名词解释

生殖健康；性健康。

2. 简答

(1)简述常见性传播疾病有哪些？如何预防艾滋病？

(2)简述大学生的恋爱心理及特点。

(3)简述如何培养大学生的健康恋爱观。

第六章 应对突发公共卫生事件的健康教育

本章导读

突发公共卫生事件往往会对社会秩序造成严重破坏，对公众健康产生严重影响。健康教育作为预防、应对突发公共卫生事件的手段是不可或缺的。本章简要介绍突发公共卫生事件类型和特征，分析其对高校和大学生的危害，说明通过制定健康教育对策、实施有效干预，既是提升大学生应对和处置突发公共卫生事件能力的必要途径，也是高校保持自身稳定可持续发展的必然要求。

第一节　突发公共卫生事件概述

一、突发公共卫生事件的定义及分类

突发性公共卫生事件是指突然发生，可能或已经造成公众健康严重受损的，需要立即开展评估和应对的事件。2003 年 5 月 12 日中华人民共和国国务院颁布的《突发公共卫生事件应急条例》中明确指出，突发公共卫生事件可以依据发生的原因分类四大类。

(一)重大传染病疫情

重大传染病疫情是指某种传染病在短时间内发生、波及范围广泛，出现大量的病人或死亡病例，其发病率远远超过常年的发病率水平的情况。这些传染病包括鼠疫、人感染高致病性禽流感、霍乱、布鲁氏菌病、传染性非典型肺炎及其他罕见的大型传染病等。

(二)群体性不明原因疾病

群体性不明原因疾病是指在短时间内，某个相对集中的区域内同时或者相继出现具有共同临床表现病人，且病例不断增加，范围不断扩大，又暂时不能明确诊断的疾病。根据患病群体人数，可划分为一般群体性不明原因疾病、较大群体性不明原因疾病和重大群体性不明原因疾病。由于群体性不明原因疾病发病原因较难查明，较难根治，往往容易引发社会恐慌。

(三) 重大食物和职业中毒

重大食物和职业中毒是指由于食物污染和职业危害的原因而造成人数较多或伤亡较重的中毒事件。食物中毒是指人们在不知情的情况下食用了含有病菌或毒素的食物而导致的急性疾病，按照病原物质的分类，可将食物中毒大致分为细菌性食物中毒、真菌毒素中毒、动物性食物中毒、植物性食物中毒和化学性食物中毒。职业中毒是指接触工业毒物的工人在劳动过程中吸收工业毒物所引起的中毒，根据个人体质、毒物的毒性和浓度等方面因素的影响，可将职业中毒分为急性中毒、慢性中毒和亚急性中毒。

(四)其他严重影响公众健康的事件

无法抵御的自然灾害，诸如台风、洪水、地震、滑坡、泥石流等产生的疾病疫情，以及严重威胁公众身体健康的水污染、环境污染、食品污染、药物类中毒、核泄漏、杀伤力极强的有毒有害化学物质无休止蔓延、恐怖分子袭击等。这些极可能造成多人受伤或死亡的案例也都归为突发公共卫生事件。

根据突发公共卫生事件的性质、危害程度、涉及范围，可将其划分为特别重大

（Ⅰ级）、重大（Ⅱ级）、较大（Ⅲ级）、一般（Ⅳ级）四个级别。其中，特别重大突发公共卫生事件主要包括以下几种。

（1）肺鼠疫、肺炭疽在大、中城市发生并有扩散趋势，或肺鼠疫、肺炭疽疫情波及 2 个以上的省份，并有进一步扩散趋势。

（2）发生传染性非典型肺炎、人感染高致病性禽流感病例，并有扩散趋势。

（3）涉及多个省份的群体性不明原因疾病，并有扩散趋势。

（4）发生新传染病或我国尚未发现的传染病发生或传人，并有扩散趋势，或发现我国已消灭的传染病重新流行。

（5）发生烈性病菌株、毒株、致病因子等丢失事件。

（6）周边以及与我国通航的国家和地区发生特大传染病疫情，并出现输入性病例，严重危及我国公共卫生安全的事件。

（7）国务院卫生行政部门认定的其他特别重大突发公共卫生事件。

二、突发公共卫生事件的特征

从突发卫生公共事件发生的原因、时空范围、规模及治理等方面，可总结出突发公共卫生事件的特征。

（一）成因多样性

突发公共卫生事件种类繁多，原因复杂。例如，引起传染病暴发的微生物就有细菌、病毒等 8 大类，引起中毒事件的物质仅理化类，全球已登记的化学物种类超过 4000 万种，人类对其毒性认识较深刻的仅数千种。由于事件发生的成因复杂，有时候难以判断，而且同类事件的表现形式千差万别，很难预测其蔓延范围、发展速度、趋势和结局，很难用同样的模式来处理，所以在控制时间和治理方面是极大的挑战。

（二）突发性较强

突发公共卫生事件的发生往往让人措手不及，有时毫无预示和征兆，发生的时间、地点、形式、成因、受害人群、危害程度都是无法预料的，具有很强的偶然性、瞬时性和突发性。在事件发生之前，所需的技术手段、设备、物资和经费都不太可能有完全充分的准备，但是它的再次发生具有一定的规律性，所以要求人们及时发现，做出分析与判断，并采用一定的手段与方法抑制突发卫生公共事件的蔓延与恶化。

（三）危害范围广

突发公共卫生事件是一种公共事件，突发公共卫生事件危害的既不是特定的个人，也是不特定的群体，在事件发生区域内或影响范围内的所有人都有可能受到突发公共卫生事件的威胁和损害。随着经济的发展、交通的便利、经济贸易和文化上的频繁交流，各个国家和地区之间的界限不再难以跨越，突发公共卫生事件一旦发生，其影响绝不仅限于突发公共卫生事件所在地，还很容易引起强烈的跨地区影响。

(四)危害性大

突发公共卫生事件的多样性、突发性和大范围等特点直接影响了公共卫生事件治理难度。医疗水平的高低、救助系统的完善程度、公民的自我保护意识和对公共卫生事件的防范意识的强弱，都将影响事件的综合治理。突发公共卫生事件发生后，往往轻者造成短时间内人员发病和死亡、冲击医疗卫生系统本身，重者可对经济、贸易、金融等产生严重影响，甚至引起一定程度的经济衰退，对社会稳定和国家安全造成威胁。

第二节　突发公共卫生事件的影响

一、突发公共卫生事件对高校的影响

突发公共卫生事件不仅严重威胁人们的生命安全，还会带来物质和经济的重大损失，甚至造成毁灭性的灾难。高校作为社会的一部分，是人口高度密集的地方，面对突发公共卫生事件时，受到一定程度的影响是难以避免的。

(一) 对教学科研产生影响

由于突发公共卫生事件具有突发性，其往往会破坏学校的教学、科研和其他方面的正常秩序，给学校整体工作和学生学习带来损失。例如，新冠肺炎疫情导致全国各大高校学生延迟返校，对线下教学产生了影响。虽然高校可以改变教学模式，如开放在线课程和虚拟仿真实验教学、利用线上教学等各类方式应对。但有些实践教学仍无法开展，导致教学质量在一定程度上下降是毫无疑问的。此外，居家隔离也会导致部分科研工作无法如期开展和完成。

(二)带来经济损失

首先，为应对突发公共卫生事件采取预防控制措施的费用是突发事件中的直接经济损失，包括高校疫情防控小组的运行费用、疾病预防控制措施费用、密切接触者的管理费用、后勤保障费用等。其次，由于校医院在高校的普遍性，医疗救助经费投入也是损失的另外一个主要来源。最后，一些间接费用也必须计算在内，如突发严重公共卫生事件会引起停课停学、部分教学计划延后实施等，都可能导致教学成本的提高。

(三)影响师生的身心健康

既然是突发公共卫生事件，第一时间受到伤害的，一定是一定数量的师生。例如，2012 年年初，我国西部某高校突发食品中毒事件，数十名同学上吐下泻、腹痛、呼吸困难、四肢无力，身体受到严重伤害，其学习、生活也受到影响。后经疾控部门取样，认定为诺如病毒感染。2020 年 11 月，国家卫健委疾病预防控制局发布《诺如病毒感染性腹泻高发季校园防控健康提示》，明确指出 10 月到次年 3 月是诺如病毒感染性腹泻流行的高发季节。在高校，学生食品安全和卫生问题的发生较为频繁，即使此类事件能够得到妥善处理，但对师生的伤害已经造成，不仅影响了师生的身体健康，也会对其心理造成一定程度的影响。

二、突发公共卫生事件对大学生的影响

突发公共卫生事件由于其突发性、复杂性，对大学生的危害是多方面、立体的。严重的突发公共卫生事件对大学生危害极大。

(一)对大学生身体的伤害

突发公共卫生事件的成因一般由微生物或有毒化学分子的扩散形成，其对大学生的生理影响主要涉及神经系统、内分泌系统、呼吸系统、消化系统、泌尿系统、生殖系统。常见的突发公共卫生事件对大学生身体的危害以呼吸系统和消化系统为主。以新冠肺炎为例，该疾病的早期症状不一定很典型，主要涉及呼吸系统损害。部分人感染后症状较轻，但有些人可能因体内的细胞因子反应产生严重的不良反应，严重的甚至导致死亡。另外，感染过程中，新型冠状病毒会对人体的多个器官造成损害，这种损害有可能是永久性的。因此，在疫情早期采取各种措施预防感染，降低患病是必要的。而另外一些较轻的突发公共卫生事件(如食品安全事件)对大学生来说主要涉及消化系统，如 2018 年南方某高校发生集体腹泻的事件，学生感染的是诺如病毒。该病毒感染性腹泻在全世界范围内均流行，在全世界由非细菌性导致的腹泻暴发事件中，50%以上由诺如病毒引起，感染后主要表现为腹泻和呕吐，发热、畏寒和肌肉酸痛也颇为常见。诺如病毒导致的感染性腹泻属于自限性疾病，没有疫苗和特效药物，学生疾病负担较重。

(二)对大学生的心理伤害

人类在遇到重大的突发性事件时，通常会表现出不安、恐惧、担忧等负面情绪，在行为上产生退缩和逃避等行为。大学生由于心理成熟相对滞后，无助感较强，在遭遇突发公共卫生事件时，往往表现出一定的消极反应，心理问题或心理疾病发生的可能性较大。不仅如此，为应对突发公共卫生事件，经常会采取隔离措施，隔离往往使人与人之间产生人际沟通外部障碍，容易使人产生焦虑情绪，如不及时干预，就可能进一步恶化。随着物质短缺、社会不稳定等负面新闻的报道与传播，恐惧感亦会出现。在极端情况下，部分心理状态不稳定的大学生容易受到心理创伤，甚至出现行为异常。突发公共卫生事件对大学生的心理伤害需要引起高校的高度重视，避免大学生出现严重心理创伤。

(三)对大学生的生活、学习的影响

突发公共卫生事件发生时，经济往往受到影响，一些家庭可能失去收入来源，

来自这些家庭的大学生就会对支付学费感到焦虑。此外，居家隔离使得学生不得不采用远距离/远程学习方式，而这些措施需要如手机、电脑、网络等硬性条件的支持。一旦这些条件不能满足，就会严重影响大学生的正常学习。

第三节　大学生应对突发公共卫生事件的策略

一、加强大学生对突发公共卫生事件的认知和自我防范意识

大学生要充分利用媒体、网络、广播、宣传栏等媒介广泛学习公共卫生知识，如多方面了解食物中毒、环境污染、疾病预防等基本知识，学习掌握突发公共卫生事件的整体过程，增加对突发事件的认知，树立自我安全意识，不断提高自身防范能力和自我保护能力，做到有备无患。

二、积极响应和配合高校应对突发公共卫生事件的措施

高校对突发公共卫生事件的反应是从全局出发的，能够抓住突发事件的关键集中力量解决主要问题。大学生应积极响应和配合高校应对突发公共卫生事件所采取的必要措施，充分发挥自身的积极性和主动性，投入高校应对突发公共卫生事件的工作当中，为学校、社会、国家应对突发公共卫生事件贡献自己的力量。

三、养成良好的生活和作息习惯

应对突发公共卫生事件应防微杜渐，以预防为主。大学生在日常生活中应养成良好的卫生习惯，保持日常学习和生活环境干净通风，少去或不去人群聚集的地方，同时要合理安排时间，加强体育锻炼，保证充足的睡眠。大学生通过培养良好的生活习惯、提高自律能力，能有效提升自身应对突发公共卫生事件的能力。

四、为大学生提供良好、有力的社会支持

良好的社会支持是高校的一种重要外部环境资源，良好的社会支持不仅有利于大学生的身体健康，还有益于他们的心理健康。在面对突发公共卫生事件时，大学生无论在生理上还是在心理上都会感到压力和恐惧。因此，国家和高校不仅要在经济上给予大学生一定的帮扶，减少其经济压力，还应给予其心理上的安慰和帮助，让大学生能够切实感受到来自学校和社会的有力的物质和精神支持，从而为其应对突发公共卫生事件打好基础。

【延伸阅读】

2011 年日本福岛核泄漏事故发生后，因为担心被日本核辐射化合物波及，美国

民众开始哄抢碘化钾。虽然美国卫生部门反复强调日本核辐射影响相当小，但是一些药店的碘化钾已经销售一空。同时，我国境内基于对海盐的不信任，也发生了公众囤盐现象。我国政府通过各类媒体向公众发布两条重要消息：一是碘盐的防辐射作用甚微；二是我国拥有大量湖盐和井矿盐，正常供应没有问题。我国的抢盐情况几天后便得到了改善。

这个案例说明：1. 突发性公共卫生事件对人群的影响是世界性的，不同距离的人群都需要健康教育。2. 民众具有一定的从众心理，及时获得相关部门的可靠信息对健康教育至关重要。3. 谣言止于智者，只有提高我国人民的健康教育素质，使其不信谣、不传谣，对每条信息保持清醒而负责任的判断，才能避免非必要的恐慌。因此，当面对突发公共卫生事件时，大学生要体现爱国情怀和责任担当，积极把责任扛在肩上，更好地发挥既是教育者又是受教育者的双重属性，把担当落实在健康教育行动中。

思考题

1. 名词解释

突发性公共卫生事件；心理危害。

2. 简答

(1)简述突发公共卫生事件的分类。

(2)简述突发性公共卫生事件对大学生的影响。

参考文献

高星．北京中毒应急救治体系发展战略研究[J]．卫生毒理学杂志，2003(3).

郭华麟，韩国全，徐超，等．细菌性痢疾流行情况及其检测技术研究进展[J]．食品安全质量检测学报，2018(7).

郭学军．浅谈流行性传染病的预防和控制途径探讨[J]．世界最新医学信息文摘，2018(61).

季建林．抑郁与焦虑所致的失眠[J]．中华全科医师杂志，2008(12).

李耘，朱锋，刘畅，等．有害结局路径分析应用于混合化学物联合毒性效应评价研究[J]．农产品质量与安全，2019(3).

刘春玲，刘琼，杨会茹，等．狂犬病暴露患者防治知识认知现状及护理干预[J]．检验医学与临床，2018(12).

刘东峰，孙岩松．重大传染病疫情应急防控实践总结与思考[J]．武警医学，2016(12).

刘小畅，赵婷，等．中国居民病毒性肝炎流行趋势分析[J]．预防医学，2018(5).

卢丹丹，程维虎，梅树江，等．时空统计在食源性疾病中的应用[J]．数理统计与管理，2018(1).

马瑛泽，关晓辉．CagA阳性幽门螺杆菌感染与消化性溃疡、胃炎相关性512例临床分析[J]．北华大学学报(自然科学版)，2016(4).

苏春娟．1024例在校大学生近视情况调查分析[J]．中国初级卫生保健，2010(10).

苏瑞芬．30例智齿冠周炎合并间隙感染的临床治疗观察[J]．医疗装备，2015(18).

孙星朋，李慧．刷牙漱口防龋齿[J]．生活与健康，2018(2).

滕仁明．突发公共卫生事件的特征及其判断、处理原则[J]．继续医学教育，2007(1).

王甲楠．流行性感冒(流感)的预防机制及控制措施分析[J]．中国医药指南，2019(5).

王卫军．浅谈疾病预防控制机构教育培训工作规划与管理[J]．现代预防医学，2008(4).

王一牛，罗跃嘉．突发公共卫生事件下心境障碍的特点与应对[J]．心理科学进展，2003(4).

夏露，叶玮，张书华，等．灾害科学：全球展望及我国研究现状分析[J]．中国科学基金，2018(3).

熊玮仪，倪大新，王子军．2004—2009年全国群体性不明原因疾病事件报告概况及报告质量分析[J]．中华疾病控制杂志，2011(3).

许晓芬．慢性乙型病毒性肝炎及相关疾病预防控制[J]．世界最新医学信息文摘，2015(75).

杨建桉，邹凤鹏，张涛，等．青少年常见意外伤害的预防与现场急救[J]．中国卫生产业，2018(2).

杨宗哲，李航航，张增祥，等．某高校大学生浅部真菌感染及其病原学特征分析[J]．中国煤炭工业医学杂志，2016(2).

袁蒲，杨丽，李杉，等．我国食源性疾病监测研究现状与管理建议[J]．中国卫生产业，2018(6).

曾瑜，杨晓妍，周海龙，等．中国人群结核病疾病负担的系统评价[J]．中国循证医学杂志，2018(6).

张慧，黄建始，胡志民．美国大都市医疗反应系统及其对我国公共卫生体系建设的启示[J]．中华预防医学杂志，2004(4).

赵俊茹，胡冬裴．痤疮病因及外治法研究进展[J]．现代中西医结合杂志，2015(9).
赵艳青，李青松，项敏泓，等．复发性口疮内服法与外治法用药比较及主要“证素”“证型”的用药规律研究[J]．中华中医药杂志，2018(5).
祝江斌，黄合来．重大传染病疫情聚集与扩散特征分析[J]．中国公共卫生，2010(9).
庄柯，刘金彪，王勇，等．论重大传染病作为大学通识课的教学目的和意义[J]．大学教育，2017(5).